Thomas Usleber

Die Farben unter meiner Haut
Autobiographische Aufzeichnungen

W0053656

Die Farben unter meiner Haut – der Sohn eines afroamerikanischen Soldaten und einer deutsch-ungarischen Mutter, aufgewachsen in ärmlichen Verhältnissen in einer deutschen Kleinstadt, erzählt, wie er gelernt hat, aus Ablehnung und Verbitterung herauszufinden. Es ist das erste Buch, in dem ein Mann seiner Generation und seiner Herkunft über seinen Werdegang schreibt.

Bewegend erzählt der Autor, wie die anfängliche Zuneigung zum dunkelhäutigen Kind in das Gegenteil umschlug. Wie er aus eigener Kraft seine Enttäuschung, seinen Zorn und seine Ängste überwand und seinen Weg ging. Und sich eines Tages auf die Suche nach seinem Vater machte, den er im Jahr 2000 erstmals nach vielen Jahren in den USA trifft und von dem er erfährt, dass er väterlicherseits nicht nur afrikanische, sondern auch indianische Vorfahren hat.

Das Buch zeigt, wie wichtig Erwartungen und Meinungen für die Wahrnehmung anderer Menschen sind. Woran versteckter Rassismus, aber auch Toleranz zu erkennen ist. Und dass Integration nicht nur eine einseitige Aufgabe ist: »Wichtig ist auch, dass die Deutschen ihren Teil zur Integration beitragen.«

Thomas Usleber, geboren 1960 in der rheinland-pfälzischen Kleinstadt Idar-Oberstein als Sohn einer ungarndeutschen Mutter und eines afroamerikanischen Soldaten. Realschule, Gymnasium und Ausbildung zum Verwaltungsangestellten in Idar-Oberstein. Lebt mit seiner Familie seit 1987 in Dietzenbach. 1990-1993 Ausbildung zum Beamten in Frankfurt am Main. 1994-1999 auf verschiedenen Ämtern in Frankfurt am Main. Seit 1999 am Amt für multikulturelle Angelegenheiten der Stadt Frankfurt am Main.

Thomas Usleber

Die Farben
unter meiner Haut

Autobiographische Aufzeichnungen

Brandes & Apsel

Auf Wunsch informieren wir regelmäßig über das
Verlagsprogramm:
Brandes & Apsel Verlag, Scheidswaldstr. 33, D–60385 Frankfurt a. M.
E-Mail: brandes-apsel@t-online.de
Internet: www.brandes-apsel-verlag.de

literarisches programm 88

1. Auflage 2002
Lektorat: Volkhard Brandes, Frankfurt am Main
DTP: Antje Tauchmann, Frankfurt am Main
Umschlag: Franz Richter Online GmbH (Petra Sartowski), unter Ver-
wendung von Fotos aus dem Privatbesitz Thomas Usleber
Druck und Verarbeitung: Tiskarna Ljubljana D. D., Ljubljana,
Printed in Slovenia
Gedruckt auf säurefreiem, alterungsbeständigem und chlorfrei
gebleichtem Papier.

Die Deutsche Bibliothek – CIP-Einheitsaufnahme: Ein Titeldatensatz für
diese Publikation ist bei *Der Deutschen Bibliothek* erhältlich.

ISBN 3-86099-488-3

Inhalt

Danksagung

Mit dem Erscheinen dieses Buches ist ein jahrelang gehegter Wunsch endlich in Erfüllung gegangen. Ich habe erfahren, dass solch ein Unternehmen nicht ohne die Hilfe und Unterstützung vieler Menschen durchgeführt werden kann. Auch diese Menschen, die mir jeder auf seine Weise wertvolle Dienste geleistet haben und mir während der Höhen und Tiefen, die diese Arbeit mit sich brachte, zur Seite standen, sind längst zu meiner Heimat geworden.

Ich möchte zunächst meinem Freund und Kollegen Dr. Akli Kebaili ganz herzlich danken, der mir die Anregung gab, meine Lebensgeschichte aufzuschreiben und mich das Projekt hindurch begleitet hat.

Ich danke ebenfalls sehr herzlich Dr. Eva Blum, die mir den Kontakt zum Verleger vermittelt hat und mir Mut und Ansporn gab.

Für die Lektüre des Manuskripts und ihre wertvollen Anmerkungen bin ich Rosi Wolf-Almanasreh, Utta Müller-Handl, Regina Berlinghof, Grammato-Olibia Amexi und Detlef Richter zu großem Dank verpflichtet.

Den größten Dank schulde ich meiner Frau Marlene. Ohne sie wäre mein Leben nicht nur ganz anders verlaufen, sondern vor allem sehr viel leerer. Sie wusste, welche Anstrengungen zum Schreiben meiner Lebensgeschichte nötig waren und hat sie mir ein großes Stück erleichtert.

Meiner Frau Marlene
und meiner Tochter Denise

Vorbemerkung

Ich bin ein Deutscher.

Bin ich es?

Woran wird »Deutschsein« erkennbar? Woran erkennen Menschen, dass ein anderer ein Deutscher ist oder eben keiner? Am Pass? An der Sprache? Am Namen? Am Aussehen?

Ich selbst habe mich nicht immer als einen Deutschen wahrgenommen, aber auch für meine Mitmenschen war mein Deutschsein alles andere als selbstverständlich: Die meisten Menschen, denen ich begegnet bin, haben mich nicht – jedenfalls nicht von vornherein – als einen Deutschen gesehen.

Sie urteilen nach meinem Äußeren, nach meiner dunklen Hautfarbe. Das Merkmal »schwarz« (wie sie es nennen) ist für sie wichtiger als alles andere: meine deutsche Hälfte durch meine Mutter, meine Erziehung, meine Sprache, mein Wesen.

Wie viel zählt also mein Inneres in der Gesellschaft? Wie viel wird davon wahrgenommen? Wie verhalten sich Menschen mir gegenüber? Und wie verhalte ich mich? Was nehme ich wahr?

Davon möchte in diesem Buch erzählen; aus meinem Leben, von Geschehnissen, von fremden und eigenen Wahrnehmungen und Empfindungen.

Ich möchte fragen, ob Deutschsein sich vielleicht doch nicht nur am Äußeren feststellen lässt, ob wirklich die Farbe der Haut wichtiger ist als die Farben darunter.

In Deutschland leben viele von Geburt an Deutsche mit einer dunklen Hautfarbe, ich möchte nicht für sie sprechen, denn sie haben ihr eigenes Leben und ihre eigenen Erfahrungen. Aber ich möchte auf sie aufmerksam machen und wenn möglich, ein wenig Mitfühlen mit ihnen wecken. Ein wenig Bewusstsein dafür wecken, wie schmerzhaft es manchmal sein kann, im eigenen Land nicht als gleichwertig akzeptiert zu werden.

Keine Heimat

Jeder Mensch kennt Worte, die er zwar verstandesmäßig begreifen, deren inneren Sinn er aber nicht nachvollziehen kann.

Für mich ist das Wort »Heimat« inhaltsleer. Ich kann zwar sehen, dass die Menschen um mich herum ihm eine gewichtige, oft sogar tiefe Bedeutung zumessen, aber die Empfindungen, die sie damit verbinden, sind mir unbekannt.

Ich frage mich, was Heimat ist: ist es das Gebiet, in dem man geboren wurde, in dem man aufwuchs oder in dem man lange Zeit lebte? Sind es die Menschen und das Leben in einem Dorf, einer Stadt? Werden damit Erlebnisse in der Kindheit oder der Jugend verbunden? Ist es die Gegend, aus der die Eltern stammen oder muss man selbst dort geboren sein?

Wie groß ist die Heimat? Beschränkt sie sich auf das Dorf oder die Stadt? Auf das Land? Oder gar auf den gesamten Kontinent?

Verbindet die Menschen, die die gleiche Heimat haben, irgendetwas? Gibt es überhaupt Menschen, die die gleiche Heimat haben?

Ich hatte keine Heimat.

Ob meine Mutter oder mein Vater eine Heimat hatten oder haben, weiß ich nicht. Und wenn, dann sind diese auf jeden Fall verschieden.

Sowohl die Geschichte der Familie meiner Mutter als auch die vom Zweig meines Vaters kann man mit Auswanderung oder Vertreibung beginnen.

Meine Mutter wurde als Deutschstämmige in Ungarn geboren. Im 17. und 18. Jahrhundert waren viele Deutsche in das von den Osmanen entvölkerte Südungarn ausgewandert und wurden später als »Donauschwaben« bezeichnet. Sie blieben dort meist unter sich, so dass sie ihre Sprache und Tradition in einem gewissen Rahmen bewahrten. So soll meine Urgroßmutter nach den Erzählungen meiner Mutter kein Ungarisch gesprochen haben.

Meine Großmutter Rosa, eine geborene Gutgesell, heiratete Adam Usleber, der ebenfalls deutscher Abstammung war. Sie hatten nur eine einzige Tochter: meine Mutter.

Noch während des Zweiten Weltkrieges, 1944, wurden viele Deutschstämmige aus Südungarn vertrieben. Mein Großvater Adam war bereits im Jahr zuvor zur Armee eingezogen worden, und es kam später kein Lebenszeichen mehr von ihm. Mit einem Teil ihrer Familie gelangte meine Mutter nach Deutschland. In den Wirren des Krieges und der Nachkriegszeit verlor sie auch noch ihre Mutter und lebte von ihrem 18. Lebensjahr an alleine. Ohne Ausbildung und mit wenig Deutschkenntnissen arbeitete sie auf Bauernhöfen und später bei den amerikanischen Streitkräften in Ludwigsburg.

Die Geschichte meines Vaters kann man ebenfalls mit Vertreibungen und ebenfalls im 17., bzw. 18. Jahrhundert beginnen lassen. In diesen beiden Jahrhunderten erlebte die amerikanische Sklaverei ihren Höhepunkt. Etwa 12 Millionen Menschen wurden von Afrika nach Amerika verschleppt, um dort zum größten Teil auf Baumwollfeldern zu arbeiten.

Percy Flowers entstammt einer solchen Familie. Er wurde 1931 im amerikanischen Bundesstaat Mississippi nahe dem großen Fluss mit dem gleichen Namen geboren. Wahrscheinlich hat er – wie meine Mutter in der Donau – auch in seiner Kindheit in diesem Strom gebadet.

Die Familie Flowers bewahrt heute ehrfürchtig ihre Herkunft, und man kann die Familiengeschichte bis ins 17. Jahrhundert zurückverfolgen.

Mein Vater wurde Soldat und zog – wie viele andere Familienmitglieder – aus dem Süden in die Millionenstadt Chicago.

Nach dem Zweiten Weltkrieg war er mehrmals in Deutschland stationiert und lernte 1957 in Ludwigsburg meine Mutter kennen.

Der Krieg, der so viele Menschen »heimatlos« gemacht hatte, hatte also meine Eltern zusammengebracht. Konnten nun, durch oder nach dem Wiederaufbau »neue Heimaten« entstehen?

Meine Geburtsstadt ist Idar-Oberstein, eine Stadt, die in den sechziger und siebziger Jahren an viel zu vielen Stellen Dorfcharakter hatte. Ein Eindruck, der weniger durch die Bebauung, als vielmehr durch seine Einwohner hervorgerufen wurde. Noch heute liegt die Stadt abseits von Autobahnverbindungen, nach allen Richtungen fast gleich weit von einer größeren Stadt entfernt: 100 km nach Mainz, 80 km nach Saarbrücken, 70 km nach Trier oder Kaiserslautern. Das hat sich im Lebensbild und in den Weltanschauungen der Menschen der Stadt niedergeschlagen: man trifft häufig auf einen sehr eingeschränkten Horizont, auf kleine Welten. Was außerhalb passiert, ist unwichtig, bedeutend ist allein das direkte Umfeld, in dem man lebt: die Familie, die Freunde, die Arbeitsstelle, der Verein. Alle diese Kreise erzeugen ein Verhalten, das man »In-Group – Out-Group« nennt: »Wir« und »Ihr«. Wobei das »Ihr« in dieser Gegend des Hunsrücks von vornherein geringer geschätzt wird, fast möchte ich »verächtlich« sagen, weil ich es so oft gespürt habe.

Ich war natürlich »Out-Group« und zwar fast überall, wo ich hin kam.

Mein Vater kehrte ein Jahr nach meiner Geburt wieder in die Vereinigten Staaten zurück und hinterließ gerade mal ein Foto. Es war wirklich so wie in dem Lied von Pink Floyd: »Daddy's flown across the ocean, leaving just a memory: a snapshot in the family album. Daddy! What else did you leave for me?« (Vati flog über den Ozean, hinterließ nur eine Erinnerung: Ein Schnappschuss im Familienalbum. Vati! Was sonst hast du mir hinterlassen?)

1960 geboren, wuchs ich also mit meiner Mutter und meinem zwei Jahre älteren Bruder auf.

Ich war dunkelhäutig und vaterlos, eigentlich schon allein Grund genug, von der Idar-Obersteiner Bevölkerung abgelehnt zu werden. Es kam aber ein Umstand hinzu, der mitunter sogar noch gewichtiger war als die beiden genannten: wir waren arm.

Ich habe die Erfahrung gemacht, dass ein Dunkelhäutiger oder ein Ausländer, der vermögend ist oder einen gewissen

13

Status besitzt, z. B. Diplomat ist, immer noch bevorzugter behandelt wird als einer, der arm und ohne Status ist. Geld hat auf dieser Erde die Eigenschaft, selbst die Schranken der Hautfarbe, der Religion oder der politischen Überzeugungen zu brechen.

Die Stadt Idar-Oberstein war und blieb für mich ein Ort, in den ich zufällig hineingeworfen wurde, dessen Bewohner mich zum größten Teil mehr oder weniger mit Misstrauen, dann und wann sogar feindselig behandelten und den zu verlassen mich nicht traurig stimmen konnte. Keinesfalls aber war Idar-Oberstein auf irgendeine Weise eine »Heimat« für mich.

Wenn ich mich jetzt auf den Weg mache, die wirkliche Heimat zu suchen, so muss ich an Menschen denken, nicht an Orte. An verschiedenen Orten und zu verschiedenen Zeiten bin ich immer wieder Menschen begegnet, die mich von vornherein als Mitmenschen angesehen haben, für die meine Hautfarbe und meine soziale Herkunft keine Rolle spielte und die mich ein Stück weit auf meinem Lebensweg begleitet haben. Diese Menschen, die sich vielleicht untereinander noch nicht einmal kennen und die die Zeit in dem einem oder anderen Fall wieder von mir trennte, sind einzig und allein das, was ich Heimat nenne.

Eine anfängliche Zuneigung schlägt in ihr Gegenteil um

Die meisten Menschen in Deutschland mögen kleine dunkelhäutige Kinder. Die dunkle Haut und die lockigen Haare machen sie neugierig, sie wollen sie anfassen und ihre Haare fühlen. Die Attraktion verliert sich jedoch, wenn diese Kinder älter werden, vielfach dann, wenn die Kinder in die Schule gehen.

Meine ältesten Erinnerungen sind größtenteils positiv. Die Erwachsenen um mich herum mochten mich. Sie mochten mich mehr als meinen Bruder, der schon immer reservierter und zurückhaltender war. Ich dagegen hatte in der frühen Kindheit Vertrauen zu allen Menschen. Immer wieder waren meine Haare der interessanteste Anziehungspunkt für die Menschen, denen ich begegnete. Man wollte sie anfassen, darin kraulen. Dann und wann kam auch meine Hautfarbe ins Gespräch. Ich ahnte jedoch noch nicht, dass diese Hautfarbe für all die hellhäutigen Menschen um mich herum eine Besonderheit war. Niemand ließ mich merken, dass sie eine Ausnahmeerscheinung in der Stadt war.

Auf einer Kinderfreizeit, die mein Bruder und ich mitmachten, waren wir die Attraktion. Es gefiel uns, dass man uns besonders mochte und wir eine andere Rolle spielten als die anderen kleinen Kinder. Die Betreuer umgaben uns mit mehr Zuneigung und Anteilnahme, bei den Kindern standen wir im Mittelpunkt.

Wir wohnten während meiner ersten sechs Lebensjahre an der Grenze zwischen den beiden Stadtteilen Idar und Oberstein in einem Hinterhaus an der Hauptstraße. Der Lebensstandard war zu Beginn der sechziger Jahre allgemein noch nicht so hoch, Autos gehörten noch nicht wie selbstverständlich zu den großen alten Häusern im Viertel, man ging zu Fuß zu dem kleinen Lebensmittelladen, den es auch bei uns – wie überall – in der Nachbarschaft gab. An den Wochenenden standen lange Spaziergänge in den nahe gelegenen Wald auf dem Programm, eine von meiner Mutter gepflegte Gewohnheit, die im Laufe der Jahre fast zu einer Familientradition wurde. Im Wald waren wir allein, weitab von fragenden und erzählenden Menschen, aber auch von Armut oder Unbehagen.

Dabei waren in dieser Zeit auch die Menschen in unserer näheren Umgebung meistens freundlich: die Nachbarn liebten es, auf uns aufpassen zu dürfen, wenn unsere Mutter mal außerhalb der Kindergartenzeiten arbeitete, und unter den Nachbarskindern waren wir beliebt.

Im Jahr 1966, als ich in die Schule kam, kannte ich schon den Unterschied zwischen dem Leben wohlhabenderer Familien und unserem: nicht immer zu Weihnachten und zum Geburtstag Geschenke zu bekommen, in einer kalten, nur notdürftig eingerichteten Wohnung zu leben, und keinen üppigen Mittagstisch vorzufinden. Mein Bruder und ich schnitten die Bilder von Spielsachen aus dem Katalog und spielten mit den Papierschnipseln, zusammengebundene Stoffreste waren unsere Teddybären. Aber was ich noch nicht kannte, war Ablehnung oder gar Feindseligkeit aufgrund meiner Hautfarbe. Ich ahnte noch nicht einmal, dass so etwas überhaupt möglich war. Und durch die Tatsache, dass es für mich so unerwartet kam, war der Schlag sehr heftig.

Meine erste negative Erfahrung fand jedoch nicht in der kleinen Gruppe der Klasse, sondern allgemein in der Schule statt. Ich war noch nicht lange eingeschult, da hatten mich einige Schüler einer höheren Klasse als Zielobjekt ausgesucht. Es fing mit einem Spiel an, das zunächst gegen einige jüngere Schüler gerichtet war: Die Gruppe der Älteren bildete im Pausenhof eine Mauer und ließ die Jüngeren nicht ihren Weg gehen, sondern nötigte sie, eine andere Richtung einzuschlagen, drängte sie ab und zu auch in eine Ecke des Hofes, um sie dort für ein paar Augenblicke festzuhalten.

Irgendwann nach kurzer Zeit hatte diese Gruppe nur noch mich und manchmal auch meinen älteren Bruder im Visier. Schließlich hatte ich keine einzige Pause mehr, in der ich unbehelligt war. Die Folge war, dass ich Angst hatte, in den Pausenhof zu gehen und oft später zum Unterricht erschien, weil man mich hinderte, ins Gebäude zurückzukehren.

Zum ersten Mal in meinem Leben wurde ich nun auch mit den bekannten Schimpfwörtern für Menschen mit dunkler Hautfarbe bedacht. Diese diskriminierenden Bezeichnungen, die ich leider später noch sehr oft hören musste, taten mir so weh, dass ich sie seither weder mündlich noch schriftlich wiedergeben kann. Der Schmerz, den sie mir zugefügt haben, ist zwar vergangen, die Erinnerung und die Verbitterung darüber sind jedoch noch immer in mir gegenwärtig.

Schließlich ging meine Mutter zum Direktor der Schule, der eine sehr gute Lösung für dieses Problem hatte: Er beauftragte zwei Jungen, die noch älter waren als die, die meinen Bruder und mich drangsalierten, auf uns aufzupassen. Es war nun sogar ein wenig lustig: Wo wir auch hingingen, folgten uns die beiden und hielten die Üblen von uns ab.

In der Kindheit waren zwar alle Bezeichnungen für mich negativ belegt, so auch »Neger«, »Farbiger« oder »Schwarzer«, es gab jedoch Worte, die mich noch weitaus härter trafen. Sonderbarerweise kannten selbst die sonst einfältigen Kinder in dieser Beziehung das gesamte Repertoire.

Heute denke ich, dass ein Wort an sich überhaupt nichts Negatives ist, entscheidend ist das, was man damit verbindet. Zum Beispiel wurde in meiner Kindheit eine Frau, die Räume reinigt, als »Putzfrau« bezeichnet. Als dieses Wort als zu abfällig angesehen wurde, führte man offiziell die Bezeichnung »Reinigungskraft« ein, später »Raumpflegerin«. Jedes dieser Worte wurde schon nach kurzer Zeit in herablassender Weise gebraucht und wird wohl dazu führen, dass es irgendwann die Bezeichnung »Bodenmanagerin« gibt. Genauso ist es mit den Namen für dunkelhäutige Menschen. Solange sich nichts in der Denkweise derer ändert, die diese Worte in den Mund nehmen, wird es auch nicht nützen, neue Namen zu erfinden. Die Schwarzen in den USA haben es richtig gemacht, sie haben irgendwann das Wort »Black« für sich beansprucht und positiv belegt (»Black Power«, »Black is beautiful«) und damit den Weißen den Boden entzogen.

All diese verstandesmäßigen Argumente nützen mir jedoch nicht, die seelischen Verletzungen, die ich durch bestimmte Worte erlitten habe, zu heilen.

Noch während ich die erste Schulklasse besuchte, zogen wir um. Wir wohnten jetzt in einer Sozialwohnung, irgendwo am Rande der Stadt. Die ersten Häuser der Straße waren die der Wohlhabenden, es waren kleine Häuser, die sich ähnlich sahen, einander manchmal sogar glichen wie ein Ei dem anderen, und sie gehörten jenen, die in ihnen wohnten. Vor dem einen oder anderen Haus parkte oft sogar ein Auto. Hier war es ruhig, und die Kinder, die da wohnten, wurden nur selten auf den Straßen gesehen; wir anderen Kinder munkelten, dass sie – sofern sie älter als wir waren – auf die Höhere Schule gingen, dass sie nach Spanien oder Italien in Urlaub führen und dass sie die Spielsachen besäßen, von denen wir träumten. Denn wir anderen Kinder, wir wohnten am Ende der gleichen Straße in einem der drei grauen, schmutzigen Wohnblocks, in Sozialwohnungen. Auch diese Häuser glichen sich: Jeder dieser Blocks hatte drei Eingänge, jeder dieser Eingänge führte in ein Treppenhaus mit drei Etagen, und auf jeder Etage lagen zwei Wohnungen jeweils links und rechts der Treppe.

In dieser Straße gab es zwei Welten. Und obwohl wir noch Kinder waren und Reichtum und Armut von geringer Bedeutung, waren wir uns dieser Tatsache bewusst, selbst wenn wir sie nicht bei ihrem Namen nennen konnten. Aber gibt es einen Namen dafür? Und wenn es einen gibt, sollte es einen geben?

Die zwei Welten waren fast vollkommen voneinander getrennt. Die Kinder blieben zum Spielen innerhalb ihrer Hemisphäre und sahen sich allenfalls in der Schule, wo sie aber auch unter sich blieben und selbst in den Pausen von einer unsichtbaren Mauer getrennt wurden. Auch die Erwachsenen hatten nichts miteinander zu tun, denn man besaß ja nicht den gleichen gesellschaftlichen Rang.

Die Mauer, die uns trennte, existierte, weil die Bewohner beider Welten sie haben wollten oder hinnahmen und mit ihr lebten, ohne jemals nach dem Grund zu fragen. Ich habe diese Mauer viel später überwunden, aber nicht an diesem Ort! An diesem Ort steht sie selbst heute noch für mich, weil sie nicht die Eigenschaften von Mauern aus Stein besitzt. Denn letztere werden ohne menschliches Zutun zerfallen, jene aber nicht.

Wenn uns Kinder der Weg an den Häusern der Reichen vorbei führte, blickten wir manchmal verstohlen in die Vorgärten oder versuchten, hinter den Fensterscheiben ein Stück des Wohnzimmers zu erhaschen, weil wir wissen wollten, wie die anderen lebten. Immer geschah dies in einer gewissen Ehrfurcht, die durch Neugier und Unwissen erzeugt wurde. Denn vielleicht ohne es zu wollen, waren es diese Nachbarn, die bei uns Interesse hervorriefen, weil wir uns irgendetwas Bedeutendes und besonders Attraktives hinter ihren Mauern vorstellten, während wir wiederum für jene Nachbarn nicht nur belanglos, sondern teilweise lästig waren.

Hinten, dort wo die Straße zu Ende war und es nur noch die drei grauen Wohnblocks und Wiesen gab, war es immer laut. Nicht selten sogar in der Nacht, wenn sich Eltern stritten oder Nachbarn mal wieder einen Zwist untereinander austrugen. Denn anders als in den vorderen Häusern waren hier Freundschaften und Feindschaften immer nur von kurzer Dauer, die Erwachsenen und auch die Kinder, die heute miteinander sprachen und spielten, konnten schon morgen uneins sein und sich auf ihre Weise bekriegen. Dann beschimpften sich die Eltern lauthals, und die Kinder bewarfen sich mit Steinen. Worte und Wunden, die ein paar Wochen später bereits wieder vergessen waren, denn schon richteten sich die Emotionen wieder gegen andere.

Vieles vom Leben in den Wohnblocks spielte sich im Freien ab, für uns Kinder sowieso. Nach der Erledigung der Schulaufgaben verließ ich gewöhnlich sofort das Haus, um irgendwelche Jungs und Mädchen zu treffen. Meine Mutter achtete zu dieser Zeit sehr darauf, dass mein Bruder und ich zunächst die Schulaufgaben zu Ende brachten, bevor wir uns den Vergnügungen widmen konnten, denn sie wollte, »dass wir es einmal besser hatten als sie«, wie sie sich ausdrückte, was wir jedoch noch nicht in vollem Umfange verstanden. Ich besuchte die ersten Klassen der Schule und wollte die Ausdrücke »Ernst des Lebens« oder »Denk an die Zukunft« noch nicht hören, weil sie sich für mich eher unerfreulich anhörten und manchmal sogar ein Angstgefühl bei mir auslösten.

Wir beteten jeden Abend, und jeden Samstag gingen wir zu Fuß in die katholische Kirche in der Stadt, wo ich über die Leihbücherei den ersten Zugang zur Welt des Buches fand. Diese Welt hat mich seither nicht mehr losgelassen. Meist las ich das, was mir der Pfarrer empfahl. Ich kann mich noch sehr gut daran erinnern, dass einmal meine Lehrerin überaus erstaunt war, als sie durch eine Frage nach den Lieblingsbüchern der Kinder herausfand, dass ich »Das rote U«, »Das Rad auf der Schule« oder »Feuerschuh und Windsandale« kannte. Erst sehr viel später wurde mir klar, dass der Pfarrer nur preisgekrönte Bücher empfohlen hatte.

Je älter ich wurde, desto mehr nahm die anfängliche Zuneigung meiner Umgebung ab. Es gab zwar noch sehr viele schöne Tage, aber ich fragte mich immer öfter, wo die Menschen geblieben waren, die mich noch richtig gemocht hatten.

Schon konnte ich nicht mehr genau sagen, ob ich »Freunde«

hatte. Für mich war ein Freund immer sehr viel mehr als jemand, mit dem man sich gut versteht. Ein Freund sollte auch jemand sein, auf den man sich verlassen kann. Aber gerade diese Beständigkeit und die Zuverlässigkeit, die gemeint ist, wenn man davon spricht, dass man sich auf jemanden verlassen kann, vermisste ich bei den meisten Menschen. Damals sowieso, denn Streits und Freundschaften konnten ja wie beschrieben von einer Stunde auf die andere wechseln. Ich aber konnte dieses Verhalten nicht verstehen.

Eine Zeitlang hatte ich aber meinen kleinen Freundeskreis: Marina, ein dunkelhaariges, schönes Mädchen, in das ich bis über beide Ohren verliebt war, ihre ältere Schwester Bettina und den kleinen Klaus. Allesamt wohnten sie in dem Nachbarsblock, Marina und Bettina im ersten Stock und Klaus im Erdgeschoss. Da ich nach der Schule und den Hausaufgaben zuerst mit meinem Bruder und zwei Klassenkameraden spielte, traf ich die drei erst, wenn es dunkel wurde und für die meisten Kinder die Zeit des Abendessens und Zubettgehens gekommen war. Mein Bruder und ich sollten zwar ebenfalls nach Hause und er ging auch immer, aber mir bereitete es sehr viel Spaß, noch mit den anderen durch die Straßen zu ziehen und Unsinn zu machen. Es war auch ein herrliches Gefühl, noch draußen zu sein, während die anderen Kinder schon in den Wohnungen sein mussten. Diese Erfahrung und die Gegenwart von Marinas älterer Schwester Bettina gaben mir das Gefühl, auch schon älter zu sein.

Wir stellten nie viel an: kleine Mutproben wie Klingeln und wegrennen; oder wir prüften die Zigarettenautomaten, ob sie noch Münzen ausspuckten oder sich die Schächte öffnen ließen. Ich war glücklich, mit Marina zusammen zu sein, aber wenn meine Mutter mich darauf ansprach, ob ich in sie verliebt sei, leugnete ich es und gab an, nur blonde Mädchen zu mögen. Das war eigentlich auch nicht gelogen, aber das Abstreiten war ebenso unnötig wie umsonst: man merkte mir meine Verliebtheit viel zu leicht an. Noch hatte ich nicht Tom Sawyer gelesen, aber später, als ich mich eine Zeitlang sehr gerne mit Tom identifizierte, war Marina eindeutig meine Becky Thatcher.

Andererseits stellte sich nun heraus, dass die Erfahrung in der Schule keine isolierte Episode in meinem Leben darstellte, sondern zu meinem Alltag werden würde.

Es gibt diese Liedzeilen von Herbert Grönemeyer: »Gebt den Kindern das Kommando, denn sie berechnen nicht, was sie tun.« Das hört sich sehr schön und kinderfreundlich an, tatsächlich ist jedoch der zweite Halbsatz dieses Textes völlig falsch. Schon im Kindesalter entwickeln sich die Charaktereigenschaften eines einzelnen Kindes und die Strukturen innerhalb einer Gruppe, die später die Menschen kennzeichnen. In der Psychologie und in der Pädagogik ist das schon lange bekannt. Im Alltagsleben finde ich immer wieder Bestätigungen dieser These, wenn ich einem Bekannten aus meiner Kindheit oder meiner Jugend begegne und feststelle, dass er grundsätzlich völlig der Gleiche geblieben ist.

Kinder finden sehr schnell heraus, wo die Schwachstelle beim anderen ist, und sie sind bereit, sofort Salz auf diese wunde Stelle zu streuen, wenn es ihren Zielen dient. Und es gibt Kinder, die bereits nach wenigen Lebensjahren in der Lage sind, andere Kinder auf ihre Seite zu ziehen, sie zu vereinnahmen und für ihre Zwecke zu gebrauchen. So entstehen Gruppen, die einzelne ausschließen, und schon das geschieht im Sinne einer »Strafe«. Hinzu kommt, dass sie oft genug den allein Dastehenden zusätzlich mit anderen Mitteln bestrafen. Das hat mich bereits sehr früh sensibilisiert, meine Schwachstellen möglichst nicht zu offenbaren, nicht einmal jemandem gegenüber, der sich meinen »Freund« nannte.

Meine größte »Schwachstelle« war jedoch im wahrsten Sinne des Wortes offensichtlich. So wie Kinder mit roten Haaren, mit Sommersprossen, mit einem Sprachfehler oder auch nur mit einer Brille bei Streitigkeiten immer mit einer beleidigenden Benennung ihres äußeren Merkmales beschimpft wurden, so war es bei mir meine Hautfarbe.

In meiner gesamten weiteren Kindheit und in meiner Jugend war es so, dass ich mit Angriffen auf diese »Schwachstelle« leben musste.

Man könnte sich fragen, was so besonders daran ist, mit einer dunklen Hautfarbe und den beleidigenden und verletzenden

Bemerkungen dazu zu leben, wenn doch all die Brillenträger, die Rothaarigen und die Sommersprossigen auch damit leben müssen.

Zunächst weil die Brillenträger und die Rothaarigen viel mehr »Leidensgenossen« haben, als ich in den sechziger Jahren in einer kleinen Stadt im Hunsrück hatte. Vor allem aber, weil es in Deutschland leider eine Rangfolge derer gibt, die man für minderwertig hält. Und im Zweifelsfall entscheidet man sich immer eher für den Brillenträger als für den Schwarzen.

Ich stand also jedes Mal am Ende der Wertigkeitsskala der anderen Kinder. Oder um es mit den Worten der schwarzen Autorin Ika Hügel-Marshall zu sagen: »Sie können mich so tief verletzen, wie ich es umgekehrt niemals vermag.«

In der Schule und anderen Einrichtungen waren mein Bruder und ich fast permanent Diskriminierungen ausgesetzt – ich erzähle davon später. In unserer Umgebung, wo wir mit anderen Kindern spielten, gab es ständig Jungs und Mädchen, die uns anders behandelten und uns rassistische Schimpfwörter nachriefen. Wir konnten keinen Streit haben, ohne dass rassistische Beleidigungen zu hören waren. Manchmal kamen sogar die Eltern an unsere Tür, um sich bei meiner Mutter über mich oder meinen Bruder zu beschweren. Und da ja dort, wo wir wohnten, die Freunde von heute die Feinde von morgen sein konnten, war unter meinen Spielgefährten keiner, der mich nicht schon mindestens einmal tief verletzt hatte.

Fragen wie »Siehst du am ganzen Körper so aus?« waren noch die harmlosesten. Tag für Tag häuften sich erniedrigende und grausame Benachteiligungen und Demütigungen wie Regenwasser in einer Tonne, und kaum jemand war da, um zu helfen, diese Tonne zu entleeren oder auch nur um zu zeigen, dass sie entleert werden müsste. Die Schwarzen müssen immer die Drecksarbeit machen, kriegen immer die schlechtesten Plätze, sind im Spiel die Diener, die Dummen, die Feinde (oder die Bösen), müssen verlieren. Bekommen beim Schachspiel/Dame/Mühle die schwarzen Figuren. Kommen als letzte dran, wenn was verteilt wird (auch von Erwachsenen). Wenn irgendwo in der Nähe

Kinder etwas angestellt hatten, gehörte ich jedes Mal zu den Ersten, die man verdächtigte. Oft genug merkte ich, dass selbst nach meinen Beteuerungen und Klarstellungen auf Seiten der anderen noch ein Zweifel blieb. Das waren Umstände, deren Auswirkungen sich bei mir festgesetzt haben, so dass ich auch heute noch, wenn beispielsweise ein Arbeitskollege oder ein Bekannter etwas von seinem Eigentum vermisst, sofort ein schlechtes Gewissen bekomme und den Drang verspüre, mich rechtfertigen zu müssen.

Dazu kam ein nicht in Worte zu fassendes Gefühl der Ohnmacht, der Hilflosigkeit, weil die Macht, die weiße Macht um mich herum, viel zu stark war. Ich schlief oft mit Tränen ein und wachte mit ihnen auf.

Warum konnte ich nicht so aussehen wie die anderen? Warum gehörte ich nicht dazu?

Ich fühlte mich »nicht normal« und legte damit gleichzeitig für mich fest, was »Normalität« überhaupt bedeutete: hell zu sein.

In der Schule

»Liebe Brüder, haltet den Glauben an Jesus Christus, unsern Herrn der Herrlichkeit, frei von aller Ansehung der Person. Denn so in eure Versammlung käme ein Mann mit einem goldenen Ringe und mit einem herrlichen Kleide, es käme aber auch ein Armer in einem unsaubern Kleide, und ihr sähet auf den, der das herrliche Kleid trägt, und sprächet zu ihm: Setze du dich her aufs beste! und sprächet zu dem Armen: Stehe du dort! Oder: Setze dich unten her zu meinen Füßen! – ist's recht, daß ihr solchen Unterschied bei euch selbst macht und richtet nach argen Gedanken? Höret zu, meine lieben Brüder! Hat nicht Gott erwählt die Armen auf dieser Welt, daß sie am Glauben reich seien und Erben des Reichs, welches er verheißen hat denen, die ihn lieb haben?« Diese Worte hat Jakobus, der Bruder von Jesus Christus, geschrieben, und sie sind im zweiten Kapitel seines Briefes in der Bibel zu finden.

Der Jakobusbrief steht sehr weit hinten im Neuen Testament und erst recht der gesamten Bibel, so dass wohl selbst viele, die sich Christen nennen, beim Bibellesen noch nicht bis zu ihm vorgedrungen sind.

Auch meine Lehrerin in der Volksschule war entweder total ungläubig oder aber sie kannte diese Worte meines Lieblingsbuches der Bibel überhaupt nicht. Die Sitzordnung, die sie der Klasse auferlegte, war einfach und schonungslos: Vorne saßen die Reichen, hinten die Armen! Die Noten, die sie den Schülern gab, waren merkwürdigerweise entsprechend: Vorne gab es die guten, hinten die schlechten Noten. Und – es wird nun nicht mehr verwundern, das zu lesen – bei Sympathie und Antipathie und ebenso bei Strafarbeiten und Belobigungen gab es das gleiche Gefälle im Klassenraum. Es ist merkwürdig, aber das Wort »Gefälle« habe ich nicht ohne Grund geschrieben: Wenn ich mich an diesen Klassenraum erinnere, so sehe ich mich nicht nur ganz hinten, sondern auch weiter unten sitzen.

Jeder Schüler bemerkte diese Aufteilung, und die meisten fügten sich ihrem gut- oder bösmeinenden Schicksal. Kinder von vorne spielten oder sprachen nicht mit den Kindern aus den letzten Reihen, und umgekehrt waren die Schüler, die weiter vorne saßen für uns anderen immer so etwas wie eine andere, eine ferne, unbekannte Welt. Ich wunderte mich, wenn ein Mädchen der »besseren Hälfte« bei einer schlechten Note anfing zu weinen und die Lehrerin dann sanft auf sie einredete und versprach, mit ihren Eltern darüber zu reden. Warum kannte die Lehrerin die Eltern dieses Mädchens?

Ich kannte von den reichen Schülern nur einen einzigen Jungen. Er war der Sohn des Försters und wohnte in einem sehr großen Haus am Waldesrand. Wir gingen ab und zu in diesem Wald spazieren, und jedes Mal bewunderte ich das schöne weiße Gebäude mit seinem großen Grundstück.

Die Aufteilung der Lehrerin, das ahnte ich, war nicht nur für ein Schuljahr, sondern für das gesamte spätere Leben entscheidend. Wer hier vorne saß, aus dem würde auch beruflich »etwas werden«, wer hinten saß, der hatte keine Chance. Das wurde deutlich, als wir über den weiteren Schulweg unterrichtet wurden.

Für meine Mutter war es keine Frage, dass ich auf eine höhere Schule gehen sollte, und so war es für mich auch selbstverständlich.

Dann stellte eines Tages die Lehrerin die Frage an die gesamte Klasse, und um sich einen Überblick zu verschaffen, sollten alle aufstehen, die auf die Realschule oder das Gymnasium gehen wollten.

Ich stand auf.

Plötzlich lachten alle.

Die Lehrerin lächelte ebenfalls und sah mich an. Ich stellte fest, dass die ersten beiden Reihen aufgestanden waren und vereinzelt noch Schülerinnen und Schüler aus den nächsten beiden Reihen. Weiter hinten waren alle sitzen geblieben, dort stand nur einer: ich. Und ich war auch der Anlass zu ihrem Lachen.

Trotz dieses Erlebnisses bin ich auf die Realschule gewechselt, habe später das Gymnasium besucht und studiert. Das Lachen von damals hat dabei immer in meinen Ohren geklungen, es hat mich angespornt zu kämpfen und zu beweisen, dass man es auch gegen alle Widerstände schaffen kann.

In meiner heutigen Stellung war ich beruflich vor kurzem auf der Dienstversammlung der Leiterinnen und Leiter der Frankfurter Hauptschulen. Als ein Lehrer dabei vortrug, er hätte in seiner Klasse nach den Berufswünschen gefragt und Antworten wie »Arzt« oder »Pilot« erhalten, lachte wiederum der gesamte Kreis. Mir selbst war verständlicherweise nicht nach Lachen zumute, und ich hätte am liebsten gerufen: »Mit diesen Vorurteilen ist es kein Wunder, dass eure Schüler keine Chancen haben!«

Aber man verändert nichts durch Diskussionen und ruft lediglich Gegenreaktionen hervor.

Es hat sich also in den letzten dreißig Jahren nicht viel geändert in Deutschland; heute sind es immer noch die Armen und die Ausländerkinder, denen man Barrieren baut, während die Kinder aus gutsituierten deutschen Familien häufig begünstigt werden.

In meinem Beruf ist es unter anderem meine Aufgabe, Ausländern, die Probleme in der deutschen Gesellschaft haben, zu helfen. Dabei wurde mir auch ein Fall bekannt, in dem ein dunkelhäutiges Mädchen nicht zur Schule zugelassen wurde. Dem Direktor der Schule waren Probleme mit dem älteren Bruder bekannt, außerdem konnte die Mutter schlecht Deutsch sprechen. Die Eltern waren jedoch gebildet und das Kind normal entwickelt. Der erste Schulaufnahmetest war positiv, aber die Schulpsychologin und der Direktor sprachen sich gegen eine Aufnahme aus, ohne das Mädchen je gesehen zu haben. Seitdem ist auch das Ergebnis des ersten Tests merkwürdigerweise verschwunden.

Solche Vorkommnisse scheinen keine Seltenheit zu sein, und die Autorin Ika Hügel-Marshall hat völlig recht, wenn sie ihren oben zitierten Satz fortsetzt: »... mich zu diskriminieren und auszulachen ist gesellschaftlich legitimiert, denn alle tun es.«

Ich habe diese offenen, »legitimierten« Diskriminierungen häufig in der katholischen Kirche erlebt. Die Ferienfreizeiten des Caritas Verbandes, an der mein Bruder und ich dreimal teilnahmen, zeigen sehr gut, wie geballt und unverhohlen diese Demütigungen mitunter waren.

Als ich noch sehr klein war, vielleicht sechs Jahre alt, ging es nach Glücksburg an die Ostsee. Hier waren mein Bruder und ich noch die Attraktion, wir wurden von allen, Kindern wie Betreuerinnen, lieb umsorgt. Dann fuhren wir 1968, als ich acht Jahre alt war, nach Hirsau im Schwarzwald.

Dort waren die Betreuerinnen sämtlich schwarzgekleidete Nonnen, eine Ausnahme war ein junger Mann. In Hirsau bedachte man uns zwar auch mit besonderer Aufmerksamkeit, aber im negativen Sinne. Und da mein Bruder sich zurückhaltend und ruhig verhielt, wurde meistens ich das Opfer des Fremdenhasses. Wann immer etwas Unerlaubtes verübt worden war und der Täter nicht ermittelt werden konnte, richteten sich der Verdacht und die verbalen Angriffe auf mich. Die Strafen, die man sich ausdachte, waren widerwärtig: Ich wurde mitunter für eine Stunde in eine dunkle, kleine Kammer eingesperrt, in der es kein Fenster und keine Sitzgelegenheit gab. Dann wiederum musste ich mich in die Waschküche stellen, wo eine Frau Wäsche mangelte und mich nicht beachtete. Nach einer gewissen Zeit wurde mir vom regungslosen Stehen schwarz vor Augen.

Kein Weißer bekam jemals eine so harte Strafe, wobei die weicheren Strafen wie Nichtgestatten von Rausgehen usw. mich ja ebenfalls trafen.

Was unsere Mutter uns per Post sandte, Süßigkeiten, Creme und anderes, wurde offen unter allen Kindern verteilt. Ich erinnere mich noch genau, wie hämisch uns die anderen angrinsten, als sie sogar in den Paketen wühlen durften, die an uns adressiert waren. Umgekehrt haben wir selbstverständlich nie etwas von dem bekommen, was an die anderen geschickt wurde.

Es war Winter, und wir gingen oft im Wald spazieren. Wenn uns dabei die anderen Jungs mit Schnee »einseiften«, uns hineinstießen und uns während der gesamten Ausflüge drangsalierten, tat der Betreuer nichts dagegen. Mitunter hatte ich sogar das Gefühl, dass er die anderen dazu aufstachelte.

Er wunderte sich gar, warum ich mich im Waschraum immer sträubte, mir den Kopf von den anderen in ein mit kaltem Wasser gefülltes Waschbecken tunken zu lassen, obwohl ich, wenn er die Dusche von warm auf kalt drehte, immer der letzte war, der floh. Beides waren beliebte »Mutproben«, doch der Unterschied war, dass das zweite freiwillig geschah und mich niemand dazu nötigte. Der Betreuer verstand diesen Unterschied jedoch nicht.

Erst gegen Ende der Freizeit verschaffte ich mir Respekt. Wir waren wieder einmal auf einem Ausflug, und ich wurde – wie so oft – von Beginn an von verschiedenen Jungs im Schwitzkasten gehalten, ohne dass der Aufseher einschritt. Zwischendurch seifte man mich auch dann und wann ein. Irgendwann war es mir jedoch zuviel, und ich warf mich zusammen mit dem Jungen, der mich gerade festhielt, in den Schnee und drückte sein Gesicht solange hinein, bis er schrie. Der Aufseher kam, aber er wusste nicht, wie er mit mir schimpfen sollte, da er ja vorher auch nichts gesagt hatte. Von da an hatte ich meine Ruhe. Ich ärgerte mich nur, dass ich mich nicht schon früher gewehrt hatte.

1969 sollte es wieder auf eine dieser Freizeiten gehen. Mein Bruder und ich wollten wieder nach Glücksburg. Noch dachten wir, die grausame Behandlung habe am Ort gelegen. Erst als wir dann in Glücksburg merkten, dass es auch dort nicht besser war, ahnten wir, dass sich etwas Grundlegendes geändert hatte.

Von diesem Zeitpunkt an war mir klar, dass die Unbekümmertheit der Kindheit vorüber war; ich wuchs in einer Welt auf, die mir als »Fremde« aufgezwungen wurde, in der mir nicht erlaubt wurde, heimisch zu werden, in der ich nicht akzeptiert wurde, weil ich die »falsche Hautfarbe« hatte. Eine Kindergeschichte, in der ein schwarzer Junge sich seine dunkle Farbe wegwaschen wollte, brachte mich zum Weinen, weil ich ihn verstand. Ich verstand aber auch, dass diese Hautfarbe nicht abwaschbar war, dass ich mit ihr leben musste.

In der Schule kam es immer wieder zu Ablehnungen und Ungerechtigkeiten. Schüler schlugen mich in den Pausen, und die Aufsicht sah darüber hinweg. Meine Noten waren durchschnittlich, obwohl ich keine Schwierigkeiten hatte und in vielen Fächern besser war als der Rest. So lernte meine Mutter oft Englisch mit mir, und ich konnte schon die Lektionen lesen, die erst in zwei oder drei Monaten dran waren. Aber als in der Volksschule Englischkurse für gute und schlechte Schüler eingerichtet wurden, steckte man mich in den für die schlechten Schüler. Erst als meine Mutter zum Lehrer ging und nach den Gründen fragte, ließ man mich in den anderen.

In diesem Kurs hatte ich zum ersten Mal in meinem Leben das sonderbare Gefühl, dass ich da nicht hingehörte. Nicht, weil ich nicht genauso gut war wie die anderen – tatsächlich hatte ich keine Schwierigkeiten mit dem Stoff –, sondern weil die Zusammensetzung so war, dass hier nur die privilegierten Schülerinnen und Schüler aus den sozial höherstehenden Familien saßen. Obwohl ich seither gesellschaftlich »aufgestiegen« bin, hatte ich dieses Gefühl noch sehr oft: auf der Realschule, im Gymnasium, während meiner Ausbildung zum Verwaltungsfachangestellten, zum Beamten, meiner Zeit als Stadtverordneter. Selbst in jüngster Zeit, wenn ich beruflich an Konferenzen teilnehme, ertappe ich mich dabei, dass ich denke: »Eigentlich gehörst du hier nicht hin, für alle anderen ist das hier selbstverständlich, aber für dich nicht.«

Die sechziger Jahre gingen zu Ende. In dieser Zeit zogen wir noch einmal um, und ich wechselte auf die Realschule.

Zugleich vollzog sich in meinem Leben eine tiefgreifende Veränderung. Ich war ein Kind gewesen, ein Junge, der geweint hatte, wenn seine Mutter mal etwas später kam, der Angst vor der Dunkelheit hatte und der nicht oft alleine war. Ich hatte meinen Bruder als Spielgefährten, aber immer auch die Jungen und Mädchen aus der Nachbarschaft.

Das alles veränderte sich jetzt fast schlagartig.

Ich weiß nicht, was diese Veränderung hervorgerufen hat: Kam ich einfach in ein anderes Alter, wurde ich aufmerksamer, was Bildung, Schule und mein Leben allgemein anging? War es das Wechseln auf die neue Schule, wo fast ausschließlich Kinder aus einem anderen Milieu waren, wo das Vermitteln des Unterrichtsstoffs anders vonstatten ging, wo man von Anfang an gedrängt wurde, zu lernen und zu pauken, wo der Notendruck viel stärker war? Oder war es der Umzug in eine neue Gegend, wo ich wieder einmal niemanden kannte und wo es noch schwerer war, Bekanntschaften zu schließen, weil die neue Gegend auch ein anderes soziales Umfeld bedeutete? Oder waren es unbeeinflussbare äußere Umstände, etwa der steigende Wohlstand, die politischen inneren und äußeren Umstände der Bundesrepublik, welche einen breiter werdenden Spalt zwischen Vermögenden und Bedürftigen entstehen ließen?

Nun änderte sich auch meine Einstellung zu den Deutschen. Ich mochte sie insgesamt nicht mehr – wurde misstrauisch. Ich schreibe deshalb »die Deutschen«, weil ich mich seit dieser Zeit nicht mehr dazugehörig fühlte. Es war zu viel vorgekommen, wo man mich fühlen ließ, dass ich außen stand. Nun wurde eine zweiseitige Sache daraus. Instinktiv wusste ich zwar, dass es mein Leben erschweren würde, denn einen Jungen, der sich wenigstens bemühte, so zu sein, wie alle anderen, den konnte man noch eher akzeptieren, als einen, der sich selbst distanzierte. Zugleich machte ich es auch noch den wenigen Menschen schwer, die es gut mit mir meinten.

Mein Verhalten wurde von meiner Mutter bestärkt, was mich wiederum bestätigte. Sie, die ja sogar noch mehr Deutsche war als ich, gebrauchte in ihren Worten immer diese Unterscheidung: Wir und die Deutschen. Alle um uns herum waren »die Deutschen«, und wir waren die, die sich vor ihnen in Acht nehmen mussten. Kamen Filme über die Nazi–Zeit im Fernsehen oder ereignete sich wieder eine Ungerechtigkeit gegenüber uns Jungen, so wurde das von ihr meistens mit den Worten »Seht ihr, so sind sie, die Deutschen!« kommentiert.

Diese permanente Beeinflussung blieb natürlich nicht ohne Erfolg: aus meinem Bruder und mir wurden argwöhnische Jungen, die in jedem Menschen zunächst einen Rassisten vermuteten und jede Behandlung auf Gerechtigkeit und Ungerechtigkeit hin prüften. Zum Glück blieb dies nicht so; darauf werde ich noch eingehen. Ich kann jedoch sagen, dass in dieser Zeit meine noch heute vorhandene Sensibilisierung für Gerechtigkeit, Chancengleichheit und christliche Nächstenliebe entstanden. Aber auch diese Einstellungen habe ich im Laufe der Zeit verfeinert, und sie sind mittlerweile nicht mehr so einfach und einseitig und so voreingenommen.

Nicht alle Menschen drückten ihre Ablehnung in Worten aus; ich kann mich noch sehr gut an die Blicke von Passanten auf der Straße, Besuchern der Kirche oder Kunden eines Ladens erinnern, wenn ich alleine oder zusammen mit meiner Mutter und meinem Bruder auftauchte. Ich wurde unverhohlen von oben bis unten angeglotzt. In manch einem Gesicht zeigte sich eine solche Geringschätzung und Abneigung, dass es selbst mir als Kind auffiel. Besonders ärgerte es mich, wenn Leute auf der Straße stehen blieben, uns mit offenem Mund anstarrten, als ob die Lepra uns befallen hätte, und sie erst dann ihren Weg fortsetzten.

Wenn meine Mutter auf irgendeine Veranlassung hin wieder einmal über die Deutschen schimpfte, sah ich immer diese Leute vor mir; sie waren für mich »die Deutschen«!

Je mehr Feindschaft und Ablehnung ich erlebte, desto mehr zog ich mich zurück. Ich begann, eine Mauer um mich zu bauen. Die Umwelt schleppte mir die Steine in Form ihrer Vorurteile und ihres Hasses an, und ich fügte sie zusammen und zementierte mich zu. Niemand außer meinem Bruder und meiner Mutter kam mehr an mich heran. Tatsächlich war es sogar so, dass die Mauer uns drei umgab. Denn von nun an fand eine wirkliche Kommunikation nur noch unter uns statt. Alle, die »draußen« standen, erfuhren nie von unseren wahren Gedanken und Gefühlen. Selbst wenn sie glaubten, sich uns genähert zu haben, hatten sie doch nur unsere Fassade berührt, niemals aber ließen wir sie dahinter schauen.

Unsere selbstgewählte Isolation wurde immer perfekter: Nach dem Umzug fanden mein Bruder und ich in der Nachbarschaft keine Spielgefährten mehr, in der Schule steckten wir beide immer zusammen, lehnten jede Einladung zu Treffen am Nachmittag oder zu Geburtstagsfeiern ab, unsere Mutter ging tagsüber arbeiten und blieb abends bei uns in der Wohnung, an den Wochenenden fanden unsere ausgedehnten Waldspaziergänge statt, wir gingen in die Natur, fort von den Menschen. Ich zog mich in die Bücher zurück; Geschichten von erdachten Personen, die an fernen Orten und in anderen Zeiten spielten, wurden meine Welt.

Dreh- und Angelpunkt meiner persönlichen Abschottung war meine Haut. Ihre Farbe war, wie ich inzwischen ja schmerzlich erfahren hatte, der Grund für viele Ablehnungen und Vorurteile. Sie wurde nun aber auch für mich zu einer Mauer, die die Innenwelt, meine Gedanken und meine Gefühle, gegenüber der Außenwelt abschirmte. In Wahrheit hatten einige der Erlebnisse in diesen Jahren gar nichts mit meiner Hautfarbe zu tun, aber ich bezog jetzt alles darauf. Andererseits war es aber auch so, dass fast alle Streitereien unter uns Kindern auf der persönlichen - Ebene endeten und dann doch wieder rassistische Beleidigungen geäußert wurden.

Zu dieser Zeit stand für mich fest, dass ich mein Leben nicht in Deutschland verbringen wollte, ich wollte auswandern. Es war mir im Grunde egal, wohin, denn ich glaubte nicht, dass es auch nur ein Land geben könnte, in dem es schlimmer als in Deutschland sein würde, am liebsten wären mir jedoch die USA gewesen.

Ich war zehn Jahre alt, als durch unseren Umzug unsere Isolation begann. Meine Mauer war eine Bastion bis zu meinem 14. Lebensjahr: jeder, der versuchte, sie einzureißen, oder auch nur ein Schlupfloch zu finden, kämpfte auf verlorenem Posten.

Tatsächlich gab es aber auch in dieser Zeit Menschen, die mich durch jene Mauer erreichen wollten.

Es gab Klassenkameraden, die mich zu ihrer Geburtstagsfeier einluden, doch von einer einzigen Ausnahme abgesehen, ging ich nicht hin. Es gab auch Lehrer, die mein Problem zu verstehen schienen, aber ich deutete ihr Verhalten nicht so.

Im Alter von 15 Jahren war ein Mitschüler besonders hartnäckig und lud mich öfter in die Freie Evangelische Gemeinde ein, die sein Vater leitete. Es dauerte Monate, bis ich mich endlich dazu überreden ließ, hinzugehen.

Heute haben diese Menschen mein Mitgefühl, weil ich mir vorstellen kann, wie schwer es für sie war, mein Vertrauen zu gewinnen, und die meisten haben dieses Ziel nie erreicht. Sie konnten natürlich nicht wissen, dass mir viel zu oft – ob in der Schule, auf der Straße oder in der Kirche und anderen Institutionen – deutlich gemacht wurde, dass ich nicht dazugehörte und ich deshalb auch nicht mehr dazugehören wollte. Und noch heute widerspreche ich manchmal nicht, wenn ich zum Beispiel für einen Amerikaner oder einen Marokkaner gehalten werde. Da ich äußerlich nicht wie ein »Deutscher« aussehe (Doch wie sieht eigentlich ein Deutscher aus? Manchmal glaube ich, dass es nur leicht ist, zu beschreiben, wie ein Deutscher *nicht* aussieht!), aber durch eine deutsche Erziehung und Sozialisation gegangen bin, wurde ich für vieles besonders sensibilisiert: Welche Bedeutung haben Äußerlichkeiten im Leben? Wie verhalten sich Menschen mir gegenüber, wenn sie mich am Telefon hören und wie, wenn ich tatsächlich vor ihnen stehe? Wann wird ein Mensch von der Bevölkerung als Deutscher anerkannt und wann nicht?

Es scheint mir, als ob es in der letzten Frage eine Rangfolge der Akzeptanz gibt: Ein deutscher Pass hat zwar einen großen rechtlichen Stellenwert, im Alltagsleben jedoch überhaupt keine Bedeutung. Viel zu viele Deutsche machen die Akzeptanz eines Deutscher an vier Merkmalen fest: Aussehen, Sprache, Name, Stellung. Das heißt, ein in Polen Geborener, der seinen Namen eindeutschen ließ und die deutsche Sprache ohne Akzent spricht, genießt eine weitaus größere Akzeptanz als ein Türke, der zwar hier geboren ist und Deutsch wie seine Muttersprache spricht, aber keine germanischen Gesichtszüge hat. Nach dem Pass von beiden wird außer in Behörden nie gefragt!

Die öffentlichen und versteckten Benachteiligungen und Beleidigungen waren auf der Realschule nicht geringer, sie wurden lediglich subtiler verkleidet. Besonders drei Lehrer, die ich leider trotz hoher Fluktuation über lange Jahre erdulden musste, ließen ihren Rassismus – von dem sie vielleicht selbst noch nicht einmal wussten – an mir aus: der Lehrer für Geschichte und Sozialkunde, meinen damaligen Lieblingsfächern, sein bester Freund, der Zeichnen unterrichtete, und vor allem der Sportlehrer, der mich immer schlechten Gruppen oder Sportarten zuteilte. Dieser Mensch zerstörte meine ohnehin nicht positive Einstellung zum Sport vollends. Bei einem Elternabend erklärte er meiner aufgebrachten Mutter gegenüber, er habe überhaupt nichts gegen meine Hautfarbe, einige seiner amerikanischen Freunde seien Dunkelhäutige. Diese und ähnliche Bemerkungen sind ein sicheres Indiz dafür, dass es eben gerade nicht so ist; Menschen, die keine Vorurteile bezüglich der Hautfarbe haben, haben es auch nicht nötig, dies zu betonen! Dagegen ist es zweifelsfrei so, dass Menschen, die unaufgefordert davon sprechen, vorurteilsfrei zu sein, tatsächlich gerade diese Vorurteile haben.

Erst Jahre später habe ich durch einen Freund auf dem Gymnasium erfahren, dass meine schlimmsten Befürchtungen wahr gewesen waren: Mein Freund war zu Beginn der Realschulzeit ebenfalls in meine Klasse gegangen und gestand mir nun, dass der Sportlehrer damals bestimmte Jungen animiert hatte, sich zusammen zu tun und mich zu ignorieren. Leider wurde daraus – vielleicht vom Lehrer unbeabsichtigt – mehr: Die Jungen lauerten mir und meinem Bruder monatelang immer wieder auf unserem Weg zur und von der Schule auf und belästigten uns. Wir waren zeitweise so verängstigt, dass wir alleine nicht einmal nachmittags in die Stadt gehen wollten, weil wir da an Häusern vorbei mussten, wo diese Kerle wohnten.

Zu meinem Glück hatten wir gerade zu jener Zeit – man mag es Zufall nennen, wenn man jedoch an einen Gott glaubt und wie ich gerade in Zeiten der Not immer auch unerwartete Hilfe hatte, wird man es der Liebe dieses Schöpfers zuschreiben – einen sehr guten und gerechten Klassenlehrer, Herrn Kraus. Er gehörte zu denen, die versucht haben, die Mauer zu mir zu durchbrechen.

Herr Kraus war das, was ich einen gerechten Menschen nenne; zwar auch nicht unfehlbar in seinen Urteilen, aber doch so besonnen und weitsichtig, dass er zu jeder Entscheidung stehen konnte. Er erkannte die tiefen und ernsten Hintergründe aller Auseinandersetzungen zwischen den Schülern und gab sich Mühe, nicht nur die momentane Situation, sondern vor allem die Ursache zu beseitigen. Ich erinnere mich, wie er zu unseren Problemen immer eine passende Geschichte aus seinem eigenen Leben parat hatte. Die gesamte Klasse hing dann voller Spannung an seinen Lippen, und hinterher wurde er mit persönlichen Fragen bestürmt. Viele dieser Geschichten habe ich mir bis heute gemerkt und sie zu meinen Lebenseinstellungen gemacht. Freilich muss ich zugeben, dass ich zu jener Zeit dennoch meine gewaltige Portion Skepsis auch ihm gegenüber hatte und nicht verstand, warum er die Attacken meiner Mitschüler gegen mich nicht härter bestrafte. Erst viel später leuchtete mir ein, dass das nicht seine Art war; er hatte wohl überlegt, dass harte Strafen womöglich auch stärkere Aggressionen hervorriefen und wollte mich davor schützen. Noch wichtiger als dies aber war ihm das Bedürfnis, auch die anderen Mitschüler ohne Demütigung aus der Sache herauszuholen, so dass sie die Chance hatten, ihr Gesicht zu wahren, was eine wichtige Voraussetzung dafür war, dass sie ihre Handlungen überdenken und wiedergutmachen konnten.

Tatsächlich ging dieser Ansatz gelegentlich sogar auf: Zwei meiner ärgsten Widersacher gaben infolge der Maßnahmen von Herrn Kraus jegliche Aktionen gegen mich auf. Ich kann nicht sagen, dass sie meine Freunde wurden, bei weitem nicht, aber ich konnte mich mit ihnen fortan normal unterhalten, und auf einem Klassentreffen im Jahre 1994 war von ihrer jugendlichen Ablehnung nichts mehr zu spüren.

Der eine der beiden Jungen hatte freilich auch irgendwann eine andere Art von Reaktion gespürt, mit der er nicht gerechnet hatte. In der härtesten Zeit verging kein Tag, an dem ich nicht bei meiner Mutter mein Herz ausschüttete. Als einmal die einzige

Freundin meiner Mutter gerade zu Besuch war, sagte diese zu mir: »Auch ich habe in meiner Schule oft mit solchen Klassenkameraden zu kämpfen gehabt. Ich habe mir dadurch Respekt verschafft, dass ich eines Tages den Gürtel mit der schwersten Schnalle mitgenommen habe und dem, der mich als nächster geärgert hat, damit einen gewaltigen Schlag über den Rücken versetzt habe. Von diesem Zeitpunkt an war Ruhe!«

Ich hatte nichts zu verlieren. Und auf eine Gelegenheit brauchte ich nicht lange zu warten; schon am nächsten Schultag nahm mich jener Junge in der großen Pause in den Schwitzkasten, um mich in eine bestimmte Richtung zu zerren. Ich zog meinen Gürtel aus der Hose, legte ihn mir so in die Hand, dass ich mit der Schnalle zuschlagen konnte und versetzte dem Kerl einen harten Schlag quer über den Rücken. Heulend und schreiend ließ er von mir ab, und ein paar seiner Freunde riefen gleich den aufsichtsführenden Lehrer. Es war der Musiklehrer.

Alle Schüler der Realschule fürchteten ihn wegen seiner Strenge. Oft schlug er die Jungen und Mädchen noch mit einem Rohrstock, obwohl die Prügelstrafe schon abgeschafft war, und während seines Unterrichts musste absolute Stille herrschen. Er schrie die Schülerinnen und Schüler an, wenn sie etwas nicht wussten oder etwa die Flöte falsch spielten und äußerte seine Verachtung über die Jungen, die lange Haare trugen, was damals, Anfang der siebziger Jahre, ja gerade Mode war.

Der Musiklehrer also stellte sich mir gegenüber hin und sagte nur: »Komm nach der Pause sofort zu mir in den Musikraum.«

Ich weiß nicht, welches Bild ich abgegeben habe, aber ich hatte tierische Angst. Allerdings konnte ich nicht anders, ich musste der Order nachkommen, um es nicht noch schlimmer zu machen. Also schlich ich ein paar Minuten später die Treppen hinauf und betrat den Musikraum.

Dort stand ein völlig anderer Mensch vor mir. Er fragte mich zunächst, warum ich das getan hätte. Ich erklärte ihm die Zusammenhänge. Er nickte verständnisvoll und sagte ruhig: »Ja, Junge, um einen Klassenbucheintrag komme ich nicht herum. Aber das nächste Mal kommst du vorher und redest mit mir!«

Erhobenen Hauptes konnte ich in die Klasse zurückgehen.

Kurze Zeit später fragte mich jener Junge, warum ich ihn geschlagen hätte. Schon die Frage erstaunte mich. Und als ich ihm erklärte, dass er und seine Freunde mich jeden Tag drangsaliert hatten, da war er erstaunt und zwar wirklich erstaunt, denn er hatte das nur als Spaß empfunden.

Auch dieses Ereignis trug also dazu bei, etwas Ruhe zu schaffen. Obwohl ich an das Neue Testament und die Worte von Jesus Christus glaube, belehrt mich die Erfahrung, dass es oft genug nichts nützt, auch die andere Wange hinzuhalten. Im Gegenteil: der andere wird dadurch noch bestärkt und wird nicht von seinen Handlungen ablassen. Als ich in Hirsau und auf dem Pausenhof endlich den Mut hatte, zurückzuschlagen, verschaffte ich mir Respekt, und nur Respekt und Härte sind in der Lage, bei gewissen Menschen zu wirken, weil dies für sie einen Stellenwert hat. Ein Freund sagte mir dieser Tage: »Wenn dich einer auf eine Wange schlägt, dann schlage ihn viermal zurück!« Er meinte damit jene unbelehrbaren Menschen, die Entgegenkommen nur als Schwäche auslegen und sofort dazu benutzen, weitere Gewalt anzuwenden.

Familie

In meiner Kindheit und Jugend bestand meine Familie nur aus meiner Mutter, meinem Bruder und mir. Ich kenne nicht die Gefühle, die man einer Großmutter, einem Großvater oder einem Vater gegenüber empfindet.

Mein Bruder war mir in unserer Abgeschiedenheit der einzige gleichaltrige Gesprächs- und Spielpartner. Er verhielt sich jedoch mir als vertrauter Person gegenüber völlig anders als gegenüber den Menschen, die nicht zu seiner Welt gehörten. Von der Ängstlichkeit, der Zurückgezogenheit und der Tendenz, möglichst klein beizugeben, war im Umgang mit mir keine Spur vorhanden. Im Gegenteil, bei mir wollte er den Ton angeben, die Spiele und auch die Regeln bestimmen. Und ich fügte mich, denn bei Widerstand spielte er überhaupt nicht mit mir, ließ mich alleine dastehen.

In dieser Zeit entstand seine Vorstellung, selbständiger und reifer zu sein als ich und auf mich »aufpassen« zu müssen; er als großer und ich als kleiner Bruder. Anfangs glaubte ich ihm dies auch, spielte nicht nur um des lieben Friedens willen diese Rolle mit. Erst später fiel mir auf, dass ich zwar zwei Jahre jünger war als er, doch dass ich, wenn man den Altersunterschied wegrechnete und uns jeweils im gleichen Alter miteinander verglich, immer weiter war.

Irgendwann wurde mir dann auch bewusst, dass mein Bruder mich genauso brauchte wie ich ihn. Es wurde kein langer Kampf. Nachdem ich ein paar Mal nicht mehr nachgegeben hatte und ihn abblitzen ließ, fügte er sich drein, und ich wurde endlich ein gleichberechtigter Partner.

So langsam begann ich jedoch, mich auch einsam zu fühlen. In meiner Schulklasse gab es hübsche Mädchen, und ich war ständig verliebt.

Meine »große Liebe« der Realschulzeit hieß Marion. In irgendeinem Schuljahr stieß sie zu unserer Klasse. Herr Kraus stellte sie vor, und ich weiß noch, wie sie da vorn stand: Klein, blond, mit einem melancholischen Touch um die Augen, der mich sofort berührte. Wahrscheinlich habe ich mich von Anfang an in sie verliebt.

Diese Verliebtheit hielt lang – trotz verschiedener Unterbrechungen – bis ans Ende der Realschulzeit 1976. Ich hielt sie geheim, nicht mal meinem späteren Freund Joachim, mit dem ich nicht nur über Indianer, sondern auch über Mädchen quatschte, erzählte ich davon. Erst 1991 schrieb ich eine Kurzgeschichte, in der ich auf diese Schwärmerei anspielte. Angeregt zu der Story wurde ich, weil ich mich plötzlich an einen Moment erinnerte, an dem ich kurz den Eindruck hatte, Marion sei auch in mich verliebt. Die Erinnerung tauchte wie ein Gebäude aus dem Nebel erst schemenhaft, dann immer schärfer und detailreicher auf: der Klassenausflug nach Luxemburg, die Heimfahrt im Bus. Ich war guter Stimmung, sang die Lieder mit, die im Radio gespielt wurden. Marion saß direkt vor mir – neben einem Klassenkameraden, mit dem ich sie auch in Luxemburg Arm in Arm gesehen hatte. Irgendwann drehte sie sich zu mir um und sagte anerkennend, dass ich ja jedes Lied kennen würde. Zu meiner Verwunderung blieb sie so sitzen. Und dann kam das langsame, gefühlvolle »Tornero«, und als ich sogar diesen italienischen Song mitsang, sah sie mich mit jenem Blick an, den ich bis heute nicht vergessen habe: Sie war in mich verliebt, zumindest ein bisschen... (Ich weiß natürlich nicht, ob es wirklich so war, aber allein der Gedanke daran ist immer noch schön.)

Wenn ich alleine meinen Nachhauseweg antrat, träumte ich von den Mädchen und fühlte mich so weit entfernt von ihnen. Sie erschienen mir unnahbar, aber ich ahnte natürlich auch, dass ich unnahbar war.

Noch immer standen Waldspaziergänge auf dem Wochenendprogramm unserer Familie. Der Wald – er wurde mir in dieser einsamen Zeit mein einziger Freund. Zwischen den Bäumen, wenn ich abseits der Wege herum stromerte, konnte ich mich von allen traurigen Gedanken befreien, konnte den Stimmen der Natur lauschen, Tiere und Pflanzen, aber auch menschenleere Lichtungen entdecken und die Phantasien entwickeln, die mich später zum Schreiben brachten. Die Natur war etwas Wohltuendes, etwas Liebevolles, und als ich viel später die überwältigenden Beschreibungen Marcel Prousts der beiden Wege in Combray las, dachte ich unwillkürlich an unsere Wege in den Wäldern von Idar-Oberstein zurück. Auch wenn die Landschaften Prousts und meine sich nicht sehr ähnelten, lag doch eine Gemeinsamkeit in der Schönheit und dem Reiz, den die Umgebung auf mich ausübte, und natürlich auch in der Liebe, die ich für den Wald empfand.

Oft nahmen wir einen Picknickkorb mit und kehrten erst nach Einbruch der Dunkelheit nach Hause zurück.

Meine Mutter arbeitete seit Ende der sechziger Jahre im Idar-Obersteiner Krankenhaus. Mit ihrem geringen Verdienst hatte sie große Mühen, meinem Bruder und mir die Schule zu finanzieren. Ständig verlangten die Lehrer von uns Schülern neue Materialien und Bücher. Mitunter konnten wir uns diese teuren Sachen nicht leisten und kamen mit leeren Händen in den Klassenraum. Dann dachten wir uns Ausreden aus, um nicht unsere

Armut zu zeigen: Dass wir den Zirkelkasten vergessen hatten, dass wir nicht geahnt haben, dass es dieses Buch oder diese Art von Stift sein sollte. Manchmal – besonders im Zeichenunterricht – bekamen wir schlechtere Noten, weil unser Material für die Anforderungen schlichtweg unbrauchbar war.

Unsere Mutter ging meist vor uns aus dem Haus und kam auf jeden Fall viel später zurück, oft vollbepackt mit Tüten, weil sie auf dem Heimweg noch irgendwo eingekauft hatte. Ich kann mich nicht erinnern, sie irgendwann einmal mit leeren Händen die Wohnung betreten gesehen zu haben.

Sie setzte sich immer für uns Kinder in der Schule ein und nahm unsere Probleme ernst.

Auf der anderen Seite schien sie unsere Abkapselung fast taktisch geplant zu haben. Und sogar mit Erfolg: Sie musste mich und meinen Bruder gar nicht mehr überreden, einen freundlichen Kontakt zu anderen Menschen zu vermeiden, wir misstrauten sowieso jedem. Alle um uns herum waren für uns entweder Rassisten oder verrückt. Und gab es mal einen Menschen, der bisher liebe- und verständnisvoll gewesen war, wie zum Beispiel Herr Kraus, mein Klassenlehrer, so warteten wir nur darauf, dass er uns sein »wahres« unfreundliches Wesen offenbarte.

Es gab lediglich eine Verwandte meiner Mutter, die ebenfalls in Deutschland lebte: ihre Tante Maria. Wir hatten sie, ihren Mann und ihren Adoptivsohn Aaron in meiner Kindheit dann und wann besucht. Doch auch dieser Kontakt wurde jetzt nicht mehr so stark gepflegt. Zwar standen wir noch brieflich in Verbindung, aber wir sahen uns nicht mehr.

So wie wir die Mitmenschen nicht in unser Leben einbezogen, so schlossen wir auch unsere Verwandtschaft aus.

Zu einer Familie gehört eigentlich ein Vater. Mein Vater aber war 1961 in die Vereinigten Staaten zurückgekehrt, und ich wusste kaum etwas über ihn. Ich habe ihn zwar nie richtig vermisst, aber es war auch nicht angenehm, wenn Mitschüler danach fragten oder wenn sie von ihren Familien erzählten und ich nichts Gleichwertiges beisteuern konnte.

1973 kam er dann für kurze Zeit wieder nach Deutschland. Die ganzen Umstände waren etwas merkwürdig, denn er hatte uns überhaupt nicht auf den Besuch vorbereitet.

Eines Tages, als wir von einem unserer ausgedehnten Spaziergänge zurückkamen, fanden wir einen Zettel von ihm im Briefkasten. Er schrieb, dass er an der Wohnung gewesen war, wir aber nicht da gewesen seien. Er wolle jedoch wiederkommen.

Bis er dann ein paar Tage später tatsächlich wieder kam, drehten sich all unsere Gespräche nur um ihn. Wir Kinder löcherten unsere Mutter mit Fragen über Fragen, aber wir spürten auch, dass sie genauso aufgeregt war wie wir.

Und dann stand er vor der Tür: ein großer, kräftiger Mann, der im Gesicht dennoch meinem schmächtigen Bruder ziemlich ähnlich sah. Mein Bruder und ich rannten gleich zum Fenster, und wir sahen einen breiten hellen Wagen auf dem Parkplatz stehen.

Ich weiß heute nicht mehr, was für ein Gefühl ich als Dreizehnjähriger empfand, als mein Vater uns besuchen kam. Ich glaube nicht, dass ich etwas Familiäres empfand. Zunächst war dieser Mann ja ein Unbekannter für mich und meinen Bruder. Percy Flowers dagegen hatte keine Berührungsängste, er tat, als wäre er nie weg gewesen, sagte, dass er uns liebte und mischte sich ohne Umschweife in unser Leben ein

Es stellte sich heraus, dass er verheiratet war, zwei weitere Kinder hatte und mit seiner Familie in einer Siedlung der amerikanischen Armee in Landstuhl lebte. An einem der nächsten Tage fuhr er uns dann auch dorthin. Ich war übrigens bis zu dieser Zeit kaum in einem Auto gefahren, denn wir konnten uns damals kein Fahrzeug leisten.

Seine dunkelhäutige Frau Mary war dünn, temperamentvoll und lustig. Sie nahm uns sehr freundlich auf. Die Kinder waren ein Mädchen, Annette, und ein Junge, Pernell, um einige Jahre jünger als wir.

In der Wohnung war es nie ruhig, ständig kamen Leute, plauderten, rauchten, hörten Musik. Den Kindern schien das nichts auszumachen, im Gegenteil, sie tanzten und quatschten mit. Mir gefiel aber einzig und allein das amerikanische Essen.

Nur kurze Zeit später musste meine Mutter ins Krankenhaus, und mein Bruder und ich lebten für vierzehn Tage bei meinem Vater. Es war eine interessante Zeit. Während mein Vater seiner Beschäftigung als Krankenpfleger im amerikanischen Hospital nachging und die beiden Kinder in der Schule waren, schliefen wir genauso lange wie seine Frau und sahen danach fern. Die Frau nahm uns zu Einkäufen und irgendwelchen Besuchen mit, und so lernten wir die amerikanischen Shops in Landstuhl und in Kaiserslautern kennen.

Auch die Mitschüler von der Realschule sahen nun dann und wann meinen Vater, wenn er uns mal von der Schule abholte, und das bereitete mir Genugtuung. Konnte ich doch endlich auch einen Vater vorweisen und sogar einen mit einem breiten »Amischlitten«.

So unvermittelt wie er gekommen war, ging mein Vater jedoch nach wenigen Monaten wieder. In einem Taxi fuhren wir nach Landstuhl und verabschiedeten uns von ihm und seiner Familie. Er beteuerte, uns nun regelmäßig schreiben zu wollen, aber der Kontakt beschränkte sich dann doch auf höchstens einen Brief pro Jahr.

Mein Vater hatte keinen besonderen Eindruck bei mir hinterlassen. Ich war nicht traurig, als er nach dieser kurzen Zeit wieder abgereist war. Weiterhin zählte für mich nur meine Mutter und mein Bruder zur Familie. Es wurde aber eine Familie, gegen die ich nun anzukämpfen hatte.

Jugendzeit – Zeit der Neuorientierung

In unserer selbstgewählten Isolation fühlte ich mich zusehends einsamer. Es gab immer mehr Dinge, über die ich mich nicht mehr mit meinem Bruder und meiner Mutter unterhalten konnte, weil ich nicht das Gefühl hatte, von ihnen verstanden zu werden: Liebe, Freundschaft, Interessen.

So entwickelte sich meine Hauptbeschäftigung: das Lesen. Also etwas, das man am besten alleine tun kann. Und aus dem Lesen entwickelte sich im Alter von dreizehn Jahren das Hobby Schreiben. Irgendwann später habe ich rückblickend einmal geschrieben: »Ich glaube, ich lese so viel, weil ich niemanden habe, dem ich zuhören kann, und ich glaube, ich schreibe so viel, weil ich niemanden habe, dem ich etwas sagen könnte.« Lesen und

Schreiben wurden für mich zum Ersatz für eine wirkliche Unterhaltung von Mensch zu Mensch.

Letztlich – so denke ich heute – war dieses Schreiben dann wiederum ein Grund für eine entscheidende Wende in meinem Leben: Umzukehren und wieder auf die Menschen zuzugehen.

Durch das Schreiben wurde ich auf zweierlei Art darauf aufmerksam gemacht, dass ich mit Selbstisolierung nicht weiter kam. Da waren zum einen die Inhalte meiner Geschichten, die zu Beginn von den Werken Karl Mays inspiriert waren. Ein Kennzeichen der Romane Mays ist, dass die Haupthelden immer einen großen Freundeskreis haben, und so übernahm ich das auch für die Helden meiner Geschichten. Und weil ich genauso einen Ich-Erzähler hatte (der aber kein Weißer, sondern ein Indianer war!), identifizierte ich mich stark mit dieser fiktiven Person, was bedeutete: Ich wünschte mir auch Freunde.

Zum zweiten machte ich mir sehr früh schon Gedanken darüber, für wen ich eigentlich schrieb. Es war zwar klar, dass ich selbst mein eifrigster Leser und Kritiker sein würde, aber wie jeder Mensch, der annimmt, dass er etwas Besonderes gemacht hat, wünschte auch ich mir, dass andere die Sache begutachteten und möglichst positiv bewerteten. Das setzte aber voraus, dass ich auch anderen davon erzählte.

Nur kurze Zeit nachdem ich mit dem Schreiben begonnen hatte, nahm ich mir vor, die Menschen nicht mehr primär negativ zu sehen, sondern ihnen zumindest eine Chance zu geben, sich mir als gut darzustellen. Das sollte ein erster Schritt sein, wieder offen mit anderen zu kommunizieren.

Leider ging die Hinwendung zu den Mitmenschen nicht ohne eine Loslösung von meiner Mutter und meinem Bruder vonstatten, obwohl ich mir das nicht wünschte. Einerseits waren meine Mutter und mein Bruder weiterhin der Meinung, alle Menschen außerhalb unserer Familie seien uns feindlich gesinnt, was mir bei meinem Bemühen, den Menschen entgegen zu kommen, nicht helfen konnte. Andererseits begann ich, eine Selbständigkeit aufzubauen, selbst nachzudenken und wollte mich dabei nicht mehr so stark von meiner Mutter beeinflussen lassen.

Die Haltung und das Verhalten meiner Mutter mag für Außenstehende schwer verständlich zu sein, denn was könnte sich eine Mutter eigentlich mehr wünschen, als dass ihre Söhne ihren Platz in der Gesellschaft, Freunde und Anerkennung finden. Meine Mutter aber benahm sich durchaus nicht so. Sie wollte die Abschottung ihrer Söhne gegenüber allen anderen, verstärkte gelegentliche negative Erfahrungen durch Sätze wie »Ich habe ja gleich gesagt, dass man sich auf diesen Menschen nicht verlassen kann, der mag euch/dich nicht, es ist halt ein Deutscher.« Wenn sie einen von uns beiden – meistens war ich das – mit einem Schulkameraden oder einem anderen Jungen sprechen sah, dann stellte sie mich hinterher zur Rede: »Was hast du mit dem gesprochen? Vertrau ihm nicht. Der nutzt dich nur aus!« Ihre Geschicklichkeit darin war so groß, dass sie oft schon im vornherein negative Aussagen über eine Person machte und uns dann diese Person tatsächlich als schlecht erschien.

Ich fing nun zwar an mich dagegen zu wehren, dennoch kann ich nicht sagen, dass alle ihre Versuche erfolglos blieben. Mir fielen aber auch gewisse Unstimmigkeiten und Widersprüche bei meiner Mutter auf, z. B. pflegte sie mit allen Menschen, die sie kannte und auf der Straße traf, minutenlange Gespräche zu führen, die für uns Kinder langweilig waren. Wenn wir dann aber weitergingen, schimpfte sie über die Person, mit der sie gerade gesprochen hatte. Beim nächsten Mal jedoch unterhielt sie sich wieder lange und sehr freundlich mit ihr. Ich fragte mich, wieso sie mit diesen schlechten Personen eigentlich so lange und so freundlich redete.

Meinem Bruder kamen diese Warnungen meiner Mutter entgegen, brauchte er doch für seine zurückhaltende Art keine Rechtfertigung mehr, im Gegenteil, er bekam sogar Unterstützung. Ich aber hatte damit Probleme, denn einerseits zog mich meine Liebe hin zu meiner Mutter, andererseits führte mich meine beginnende Selbständigkeit von ihr und gleichzeitig meinem Bruder hinweg. Wie sehr ahnte ich allerdings noch nicht.

Der Aufbau von Selbständigkeit ging bei mir einher mit einem Aufbau von Selbstbewusstsein. Durch meine Menschenscheu und meine Einkapselung war ich schüchtern und zurückhaltend geworden, und mein Selbstbewusstsein war so stark gesunken, dass ich mich niemals anderen Menschen anvertraute und große Probleme hatte, mit Menschen überhaupt zu reden. Das darf man sich allerdings nicht so vorstellen, dass ich wie ein Autist durchs Leben gegangen wäre und abseits in der Ecke gestanden hätte; tatsächlich galt ich immer noch als der Extrovertiertere von uns beiden Brüdern, und ich gab mir auch Mühe, meine Schüchternheit zu verbergen, doch in meinem Inneren sah es anders aus: Ich war vierzehn Jahre alt, hatte bunte Träume von Mädchen im Kopf, wollte nicht nur über meine geschriebenen Werke, sondern auch über meine anderen Hobbys, meine Vorlieben usw. mit Gleichaltrigen reden, hatte aber niemanden außer meinem Bruder.

Durch die Loslösung von meiner Mutter und meinem Bruder musste ich mir eine neue Identität aufbauen, etwas gewinnen, mit dem ich mich identifizieren konnte. Es wäre hilfreich gewesen, dabei jemanden an meiner Seite gehabt zu haben, der mich unterstützt und aufgebaut hätte, doch leider waren solche Personen noch fern. Ich musste meinen Weg alleine starten.

Die Musik half mir, eine Identität zu finden. Wobei Identität in Bezug auf meine Person nicht heißen konnte: Zugehörigkeit zu einer Gruppe gleicher Herkunft, gleicher Sprache, gleicher Lebensgewohnheiten. Das alles konnte es für mich nicht geben, da ich zu keinem Volk gehörte und ahnte, dass ich auch nie zu einem gehören würde; zu den Deutschen schien ich wegen meiner Hautfarbe nicht zu gehören und zu keiner anderen Gemeinschaft wegen meiner deutschen Erziehung und meiner deutschen Sprache. Identität konnte demnach für mich nur bedeuten: eine eigene, selbständige Identität jenseits dieser für die meisten anderen von vornherein gegebenen Voraussetzungen zu finden.

Und so wie die Afrikaner, die vor Hunderten von Jahren gewaltsam aus ihrer Heimat entführt wurden und nach Amerika gebracht wurden, dort die Spirituals und Gospels erfanden – Lieder, die von der Unterdrückung des Volkes Israel in Ägypten handelten, aber ihre eigene Unterdrückung in der Sklaverei meinten –, so halfen mir die Lieder von Bob Marley und Stevie

Wonder, die von der Unterdrückung der Afroamerikaner in den USA erzählten, meine Situation in Deutschland zu identifizieren.

Ich möchte einige Passagen aus einigen dieser Lieder zitieren, um deutlich zu machen, was ich meine. Aber mehr als die Worte jener Lieder war es die grundsätzliche Stimmung, die ich nachempfinden konnte: dass das Leben Kampf ist, dass alle Menschen gleich sind, aber um ihre Rechte kämpfen müssen. Dabei ist dieser Kampf kein gewöhnlicher Kampf mit Waffen, in dem Menschen verletzt oder getötet werden, sondern ein Ringen um die Rechte, die jedem Menschen allein dadurch zustehen, dass er ein Mensch ist – ganz gleich welcher Hautfarbe oder welcher Geburt. Rechte, die ihnen diejenigen, die sie ohne Mühe erlangt haben, nicht gewähren wollen, nicht weil sie dadurch einen Nachteil hätten, sondern meistens nur, weil sie die Privilegien (die ja eigentlich keine sind, weil sie allen Menschen gehören) nicht mit Menschen teilen wollen, die sie für minderwertig halten.

Most people think,
Great God will come from the skies,
Take away everything
And make everybody feel high.
But if you know what life is worth,
You will look for yours on earth:
And now you see the light,
You stand up for your rights. Jah!
(Bob Marley, *Get Up Stand Up*)

    Die meisten Menschen denken:
    Der große Gott wird aus dem Himmel kommen,
    Alles hinwegnehmen
    Und jeden sich gut fühlen lassen.
    Aber wenn Du weißt, was das Leben wert ist,
    Dann legst Du hier auf der Erde darauf wert
    Und dann kannst Du erkennen:
    Du stehst auf für Deine Rechte!

Every man gotta right to decide his own destiny,
And in this judgement there is no partiality.
So arm in arms, with arms, we'll fight this little struggle,
'Cause that's the only way we can overcome our little trouble.
(Bob Marley, *Zimbabwe*)

> Jeder Mensch hat das Recht, sein eigenes Schicksal
> zu bestimmen.
> Und in dieser Gerichtsbarkeit gibt es keine
> Parteilichkeit.
> Also gehen wir Arm in Arm mit Waffen, wir werden
> diesen kleinen Kampf bestreiten
> Denn das ist der einzige Weg, diese kleine
> Unannehmlichkeit zu überwinden.

We all know sometimes life's hates and troubles
Can make you wish you were born in another time and space
But you can bet your life times that and twice its double
That God knew exactly where he wanted you to be placed
(Stevie Wonder, *As*)

> Wir alle wissen, manchmal ist das Leben nur Hass
> und Ärger
> Und du wünscht dir, du wärst zu einer anderen Zeit an
> einem anderen Ort geboren
> Aber du kannst dein ganzes Leben ein- oder zweimal
> verwetten,
> Dass Gott ganz genau wusste, wohin er dich setzen wollte.

Es mag vielleicht verwundern, dass ich gleichzeitig erkannte und analysierte, dass die Diskriminierungen, die ich bisher erfahren hatte, Teil gesellschaftlicher Unterdrückung und Verweigerung von Rechten waren, ich mich andererseits aber nicht mehr gegen eben diese Gesellschaft stellen, sondern mit ihr leben wollte.

Ich tat das damals instinktiv, kann es aber heute erklären. Ein Mensch kann andere Menschen nur akzeptieren, wenn er auch selbst akzeptiert wird. Um aber akzeptiert zu werden, muss er zunächst sich selbst akzeptieren, das heißt, sich darüber klar werden, wer er ist und wo er steht, also eine eigene Identität finden. Viele Menschen brauchen sich darüber niemals Gedanken zu machen, weil ihnen ihre Identität von Geburt an vermittelt wird und sie damit aufwachsen. Andere, wie ich, mussten und müssen ihre Identität erst finden.

Dieses Finden stellte sich als sehr schwierig und langwierig heraus, Rückschläge waren damit verbunden und Enttäuschungen. Ich machte mir klar, dass es vier Dinge waren, die ich erreichen wollte: Identität, Selbständigkeit, Selbstbewusstsein und Wissen. Und ich erkannte, dass diese vier Ziele zusammen gehörten und sich gegenseitig ergänzten und halfen.

Vier Ziele fürs Leben

Selbstbewusstsein

Selbst wenn das oben Erzählte durchdacht klingen mag, war es das zu jener Zeit noch nicht. Ich ging intuitiv vor und setzte mir am Anfang nur kleine, schnell erreichbare Ziele.

Zunächst nahm ich mir vor, mein Misstrauen zu überwinden und änderte mein Verhalten den Menschen gegenüber. Die anderen sollten in meinen Augen jetzt nicht mehr grundsätzlich schlecht sein, bis sie mich vom Gegenteil überzeugten, sondern umgekehrt: ein Mensch war jetzt für mich zunächst gut und ehrlich, bis ich vielleicht eine andere Meinung über ihn gewann.

Den Umgang mit Menschen zu lernen, war für mich nicht so leicht wie etwa Wissen aneignen, da Gefühle mit ins Spiel kamen, die mir vorher unbekannt waren, und Mitwirkende, auf die ich keinen Einfluss hatte: die *anderen*. Wer jedoch offenen Auges und offenen Ohres durchs Leben geht, wird auch da Chancen entdecken und versuchen, sie zu nutzen.

Lange hatten es meine Mitmenschen mit mir recht schwer, da ich voller Misstrauen und Zurückhaltung war. Sie konnten nicht wissen, woher das kam, und auch nicht damit umgehen. Natürlich ahnten einige, dass ich wohl in meiner Kindheit Schwierigkeiten mit meiner Hautfarbe gehabt hatte, aber für sie war dies etwas, das in der Vergangenheit lag und vorbei war. Zudem konnten sie sich nicht vorstellen, dass es etwas mit ihnen selbst zu tun haben könnte. Denn sie hielten sich ja für tolerant und offen. Und doch hatte es mit ihnen zu tun, weil es Menschen ihrer Hautfarbe gewesen waren, die mich diskriminiert hatten, Menschen aus der gleichen Stadt, Menschen, die es auch oft »gut gemeint« hatten, wobei sich ihre Vorstellungen von dem, was gut gemeint ist, und meine oft himmelweit voneinander unterschieden.

Es war auch nicht vorbei mit den Diskriminierungen, weil es immer noch Menschen gab, die mich ungleich behandelten, und weil auch die »gutmeinenden« mit ihrer Art, mit mir umzugehen, es falsch anpackten und sich dahinter oft genug die eigene Einschätzung vom höherstehenden Menschen verbarg, der dem schwachen helfen und ihm sagen muss, wo es langgeht.

Noch schwerer als die Überwindung des Misstrauens war es, einen eigenen Selbstwert zu entwickeln. Seit meiner Schulzeit war ich nicht nur wie ein Mensch zweiter oder dritter Klasse behandelt worden, nein, ich selbst hatte mich schon lange nicht mehr gleichwertig gesehen. Wenngleich ich natürlich nicht nur negative Erlebnisse in meiner Kindheit und frühen Jugend hatte, kam es mir doch so vor, als überwogen diese. Sie waren es, die Spuren in mir hinterlassen hatten, oder besser Wunden, die auch in meiner Jugend noch schmerzten, und so erschienen sie mir ausschlaggebend für mein Leben.

Um mich herum lebten – außer meinem Bruder – nur Menschen, die diese Art von Problemen nicht kannten. Die, statt zu versuchen, sich damit zu befassen, im Gegenteil oft von diesem Umstand profitierten oder profitieren wollten, so zum Beispiel in einem Geschäft, wenn ein Verkäufer mich absichtlich übersah und der nächste Kunde nicht etwa darauf hinwies, mich zu bedienen, sondern – mich zwar ebenfalls wahrnehmend, aber nicht als gleichberechtigt ansehend – sofort seine Wünsche äußerte. Auf den Gedanken, mich mit jemandem zu solidarisieren, so wie sich heute in den Großstädten Menschen verschiedenster Nationalitäten in Gruppen oder Vereinen zusammmen schließen, konnte ich nicht kommen, und wenn ich darauf gekommen wäre, hätte ich niemanden gekannt, dem ich mich hätte anschließen können.

Und positive Erfahrungen aufgrund meiner Hautfarbe hatte ich seit meiner sehr frühen Kindheit nicht mehr gemacht – und es sollten auch noch Jahre vergehen, ehe ich auch diese Seite wieder neu kennen lernen sollte.

Als ich mit dem Schreiben begann, entstand dies aus dem Bedürfnis heraus, mich jemandem mitzuteilen, den ich aber nicht hatte. Meine Mutter, die an ihrem Misstrauen festhielt, und mein Bruder, der ihr darin blind folgte, hatte ich zu diesem Zeitpunkt zwar noch nicht verloren, aber der Loslösungsprozess hatte bereits begonnen.

Inhaltlich vollzog sich in den von mir geschriebenen Geschichten ein Wandel vom reinen Abenteuer hin zu moralischen Aussagen über Frieden, Völkerverständigung und Verträglichkeit. Meinen Schreibstil und meine Inhalte musste ich aufgrund meiner eigenen Einschätzung weiterentwickeln, auch hier kam keine Hilfe von außen. Die Kommentare von anderen, wenn sie denn überhaupt kamen, waren lediglich knappe Bemerkungen wie »gut« oder »hat mir nicht gefallen«. Meine Mutter interessierte sich überhaupt nicht dafür, und mein Bruder begann, selbst zu schreiben, wobei er sich jedoch die Texte aus schon vorhandenen Quellen »auslieh« und neu zusammenstellte.

Mit ungefähr achtzehn Jahren – und nachdem ich selbst etwas anderes als Jugendliteratur kennen gelernt hatte – stellte ich fest, dass all meine Geschichten viel zu oberflächlich, viel zu durchsichtig und viel zu schlecht geschrieben waren. Meine Ambitionen zielten nunmehr darauf, anspruchsvolle Literatur zu produzieren, Texte, die ein Nachdenken erforderten oder zumindest einluden, nachzudenken.

Ein erstes Ergebnis war eine Kurzgeschichte, die auch allgemein Beachtung fand und sogar recht erfolgreich war: sie wurde in zwei kleinen regionalen Zeitschriften veröffentlicht. Es ging darin um eine Frau in einer nicht allzu fernen Zukunft, in der die Menschen viel Freizeit und wenig Probleme haben. Die Frau erkennt, dass die Lethargie und die stupiden Freizeitbeschäftigungen der Menschen um sie herum kein »Leben« sind.

Nun wurde es mir möglich, mein Selbstbewusstsein erheblich auszubauen. Ich hatte etwas Positives, etwas Schönes, was mich von den anderen unterschied und zumindest für mich von Wert war. An den Reaktionen meiner Klassenkameraden war auch deutlich zu erkennen, dass das Schreiben ein außergewöhnliches Hobby war, nicht eines wie Fußballspielen oder Musikhören, wo sie davon ausgingen, dass es jeder konnte, sondern etwas Individuelles, ja, es hatte sogar einen intellektuellen Touch.

Ich schrieb nur noch eine einzige Story in der üblichen Schwarz-Weiß-Malerei, wo ein indianischer Jugendlicher mit den Diskriminierungen in seiner Heimatstadt in den USA umgehen musste, und dabei unterlag. Aber schon diese Geschichte entfremdete mein eigenes Problem nicht mehr so sehr, sie spielte in heutiger Zeit und riss auch Themen wie Liebe, Drogen oder Jugendfreundschaften an.

Danach waren meine Inhalte keine Anklagen mehr, sondern versuchten auf erzählerische Weise Stimmungen, Gefühle oder Situationen zu beschreiben. Gesellschaftliche Missstände tauchten entweder überhaupt nicht mehr oder nur noch eingebettet in die Rahmenhandlung eines ganz anderen Themas auf.

Nach und nach bekam ich mehr positive Resonanzen auf meine schriftstellerische Arbeit. Sechs bis acht Jahre des Schreibens, in denen mich niemand unterstützt oder motiviert hatte, lagen hinter mir. Viele hätten in dieser Zeit aufgegeben, ich jedoch setzte mir in den Kopf, es allen zu beweisen. Wie so oft im Leben, stellte ich auch hier fest, dass das Brecht-Wort stimmt: »Wer kämpft, kann verlieren. Wer nicht kämpft, hat schon verloren!«

Mit den kleinen Erfolgen wuchs auch mein Selbstbewusstsein.

Identität

Auch meine Identität musste ich allein finden. Mein Bruder, der ja ungefähr die gleiche Kindheit und Jugend wie ich erlebt hatte, ging einen anderen Weg, einen, den ich nicht gehen wollte. Er hielt sich an unsere Mutter und ihre fragwürdigen Empfehlungen. Mit dem Ergebnis, dass er misstrauisch, verschlossen und immer ein Außenseiter blieb. Ich aber wollte meinen eigenen Platz in der Gesellschaft finden, mit den Menschen auskommen und mich selbst mit meinen Eigenschaften akzeptieren.

Die Lieder der schwarzen Sänger, die ich erwähnt habe, konnten mir in einem ersten Schritt helfen zu sehen, dass das Problem in erster Linie nicht bei mir lag, sondern bei den Mitmenschen, die mit Leuten, die nicht so aussehen wie sie, nicht umgehen können. Ich wiederum hatte und habe zu lernen, genau damit angemessen umzugehen. Das heißt nicht, die Vorurteile und die Ablehnung alles Fremden hinzunehmen oder gar zu verstehen, sondern denjenigen, die bereit sind zu lernen, dabei zu helfen, und denjenigen, die dazu nicht gewillt sind, deutlich zu machen, wie dumm und falsch ihre Ansichten sind.

Eine behinderte Frau in einem Wohnheim, wo ich später meinen Zivildienst ableistete, sagte mir einmal: »Ich möchte nicht, dass man zu mir spricht wie zu einem Kind. Ich möchte nur genauso wie ein Nicht–Behinderter behandelt werden.«

Ich verstand sie sofort. Gleichbehandlung – das ist das, was sich alle wünschen, die nicht auf der Sonnenseite des Lebens stehen, egal, ob es sich um Schwarze, Ausländer, Frauen, Behinderte oder ehemals Kriminelle handelt.

Wir alle müssen jedoch damit leben, dass es diese Gleichheit nie gegeben hat, nicht gibt und auch nie geben wird. Es ist eine zutiefst menschliche Eigenart, mit Menschen, die über Macht, Einfluss oder Geld verfügen, anders umzugehen, als mit Menschen, die schwach sind. Menschen, die aufgewachsen sind, ohne jemals diese Ungerechtigkeiten am eigenen Leib erfahren zu haben, können das nicht wissen und haben dafür selten ein Einfühlungsvermögen.

Es gibt nur eine Möglichkeit, dies zu überwinden: indem man daran arbeitet, sich seinen Platz im Leben zu erobern. Frauen, Schwarze, Ausländer, Behinderte – Menschen aus all diesen und anderen benachteiligten Gruppen haben es schon erreicht, wenngleich es für sie sehr schwer ist. Es ist wie bei einem 100 Meter-Lauf, bei dem einige Läufer schon beim Startschuss auf der 50 Meter-Linie stehen: Sie haben lediglich 50 Meter zurückzulegen, um ans Ziel zu kommen, während die anderen die gesamten 100 Meter laufen müssen. Das zu sehen oder es instinktiv zu fühlen, macht viele traurig und frustriert (und hat auch mich schon des öfteren traurig gemacht), veranlasst viele vorzeitig aufzugeben und sich als chancenlos zu betrachten. Es ist jedoch nicht so. Auch diese Menschen können an ihr Ziel kommen und sich dann sagen, dass sie eigentlich mehr erreicht haben als diejenigen, die nur 50 Meter zurückzulegen hatten.

Ich machte mir also bewusst, was meine Ausgangslage war. Ich war arm, dunkelhäutig und stand alleine da. Ich wusste, dass es zwar Freunde geben mochte, dass aber keiner von ihnen auf den Gedanken kommen würde, mich zu unterstützen, nicht aus Ignoranz oder Eigennutz, sondern weil sie in ihrer jeweiligen Lage kein Einfühlungsvermögen für meine Situation haben würden. Dies zu sehen und zu verinnerlichen, ohne an Chancenlosigkeit zu denken und ohne die Mitmenschen dafür zu verurteilen, wurde Teil meiner Identität.

Ein anderer Teil war, meine Hautfarbe und damit mein Anderssein zu akzeptieren. Niemals würde ich ein Weißer werden können, immer würde man mein Anderssein sofort bemerken. Damit musste ich leben. Heute habe ich mein Aussehen nicht nur akzeptiert, sondern es gefällt mir, so zu sein; ich weiß, dass ich ohne diese Hautfarbe und ohne die positiven wie negativen Erfahrungen, die ich aufgrund dieser Hautfarbe gemacht habe, nicht der Mensch wäre, der ich heute bin. Und genau diese Eigenschaften und Erfahrungen gefallen mir und machen meine Persönlichkeit aus.

Lernen und Wissen

Um weiter zu kommen – und zwar in jedem Sinne: Selbstverwirklichung, Karriere, Charakter – ist die Aneignung von Wissen unumgänglich. Das hat zwar nicht primär mit der Hautfarbe zu tun, aber es ist so, dass gerade auch Menschen mit dunkler Hautfarbe oft weitaus mehr leisten, können und wissen müssen als ein durchschnittlicher männlicher Deutscher. Es reicht auch nicht, nur etwas besser zu sein, nein, der Vorsprung muss sichtbar sein, damit man die gleichen Chancen hat, anerkannt zu werden oder eine Stelle zu bekommen.

Wissen aneignen geht durch Lernen. Man sollte nun denken, dass die Schulen ausreichen, um einem Menschen das notwendige Wissen zu vermitteln. Dem ist aber nicht so. In der Schule kann man lediglich die Grundlagen lernen, doch das, was man später im Leben braucht, muss man sich selbst beibringen. Während es an der Schule Unterrichtsfächer wie Sport, Kunsterziehung oder Musik gibt – und Leistungen in diesen Fächern sogar benotet werden! – wird auf Fragen wie die folgenden kein Wert gelegt: Wie schließe ich Verträge ab? Worauf muss ich im Umgang mit Behörden, mit Banken, mit Werkstätten oder mit Firmen achten? Wie gehe ich mit Menschen um? Was können meine Ziele im Leben sein?

Darüber hinaus habe ich festgestellt, dass das, was ich für wichtig erachte, und von dem ich denke, dass es jeder Mensch wissen sollte, nicht an meinen Schulen unterrichtet wurde: Die Vielfalt der Völker und Kulturen, der Aufbau des Universums, das biologische Wunder des Lebens, die Schönheit der Literatur, und vor allem das Ineinanderwirken und die Beziehungen zwischen den Wissenschaften wie Philosophie, Biologie, Geographie, Geschichte, Religion, Politik, Wirtschaft und vielen anderen.

Das alles habe ich gezielt in diesen und den folgenden Jahren gelernt und der Lernprozess ist – wie jeder andere Lernprozess – noch nicht abgeschlossen und wird es auch niemals sein. Die Erkenntnisse, die ich daraus gewonnen habe, haben wesentlich zu dem beigetragen, wie ich mich heute sehe und welchen Platz ich im Leben habe.

Selbständigkeit

»Aufklärung ist der Ausgang des Menschen aus seiner selbstverschuldeten Unmündigkeit. Unmündigkeit ist die Unfähigkeit sich seines eigenen Verstandes ohne die Leitung anderer zu bedienen.«

Diese Worte Immanuel Kants lernte ich erst einige Jahre nach meiner Entscheidung, selbständig zu handeln und zu denken, kennen. Sie wurden zu einem meiner Leitsprüche, denn Kant meint damit, sich aus der Abhängigkeit von anderen Menschen zu befreien.

Dabei gibt es verschiedene Stufen. Natürlich ist man als Angestellter einer Firma noch immer in einer Abhängigkeit, ebenso kann aber auch ein Selbständiger von Zulieferern, einem großen Kunden oder der Konkurrenz abhängig sein. Tatsächlich ist eine völlige Unabhängigkeit weder möglich noch unbedingt erstrebenswert. Dafür basiert das Wesen von uns Menschen viel zu stark auf Beziehungen. Was jedoch für jeden wichtig ist: Sich nicht selbst in ungewollte und unangenehme Abhängigkeiten zu bringen, bzw. sich aus solchen zu befreien.

Vielleicht aus dem Wissen heraus, dass dunkelhäutige Menschen in vielen Kulturen die Sklaven hellhäutiger Menschen waren, habe ich eine vermeidbare untergeordnete Rolle stets abgelehnt. Ich habe jedoch das Gefühl, dass selbst heute noch Menschen wie ich, die aufgrund irgendeiner Äußerlichkeit als schwach angesehen werden, häufiger als andere gegen Unterordnung ankämpfen müssen.

Viele Menschen, nicht nur meine Mutter und mein Bruder, auch jener Joachim aus der Gemeinde, der sich mein »Freund« nannte, versuchten, mich in ihre Abhängigkeit zu bringen. Das drückte sich meistens dadurch aus, dass sie versuchten, mich zu Entscheidungen zu veranlassen, die sie sich wünschten. Mitunter versuchten sie sogar, Entscheidungen von vornherein für mich zu treffen.

Joachim hatte anfangs die Angewohnheit, mich jedes Mal in einer ziemlich unwirschen Art zu fragen, wo ich gewesen sei, wenn ich nicht zu einer Jugendstunde der Gemeinde gekommen war. Es steckte mehr als diese Frage dahinter, es ging ihm darum, eine gewisse Herrschaft über mich zu haben. Ich sagte ihm nie, warum ich nicht gekommen war, sondern fragte zurück: »Wer bist du? Wer bist du, dass du mir eine solche Frage stellen darfst? Welches Recht maßt du dir an?«

Auf der einen Seite erschwerten mir solche Reaktionen meinen Weg. Denn da ich noch immer verschlossen war und niemandem von meiner Vergangenheit erzählte, konnte auch niemand damit richtig umgehen. Manche waren nach solch einer Äußerung schockiert, weil sie nicht mit einer derart heftigen Antwort gerechnet hatten.

Auf der anderen Seite aber entsprach mein Verhalten meinem Naturell, und es ist wichtig, bei allem, was man tut, ehrlich zu sein und sich selbst treu zu bleiben. Ich hatte den Erfolg, hier wie auch in anderen Situationen, dass ich irgendwann ein gleichberechtigter Partner wurde und nicht in einer untergeordneten Rolle war.

Every man gotta right to decide his own destiny, sang Bob Marley. Dazu gehört, dass jeder Mensch auch das Recht hat, seine eigenen Entscheidungen zu treffen.

Das ist es, was ich unter Selbständigkeit verstehe und worauf hin ich mein ganzes Leben gearbeitet habe.

Ich entwickelte einen starken Ehrgeiz, diese vier Ziele zu erreichen, und je mehr ich an einer Stelle fortschritt, desto leichter fiel es mir, an den anderen drei voranzukommen. Irgendwann stellte sich ein ausreichendes Maß von Identität und Selbstbewusstsein wie von selbst ein.

Noch heute halte ich mich an dieses Konzept, wenngleich ich es verfeinert, verbessert und vor allem ausgeweitet habe, und noch immer bringt es mich in allen Lebenssituationen weiter. Die entscheidenden Fragen sind: Wo stehe ich? Wo will ich hin? Und was muss ich tun, um zu diesem Ziel zu kommen?

Ins Leben (zurück)

In den folgenden Jahren fand ich Wege in das gesellschaftliche Leben. Es ergab sich wie von selbst, dass ich Bekannte gewann. Die Bezeichnung »Freunde« wandte ich jedoch sehr lange Zeit auf keinen von ihnen an.

Mit dem ich in diesen Jahren am meisten zusammen war, war Joachim, Sohn des Leiters der Freien Evangelischen Gemeinde in Idar. Er war derjenige, der mich so hartnäckig zum Besuch der Gemeinde zu bewegen versuchte. Er nannte sich selbst Christ, und anfangs ließ mich das denken, er könnte ein Mensch sein, der vorurteilsfrei sei. Schon bald aber wurde meine Meinung über ihn erschüttert: wenn er mich zeichnete, dann mit dicken Lippen, einer breiten Nase und krausen Haaren. Trotz meiner afroamerikanischen Vorfahren habe ich jedoch keines dieser genannten Merkmale. Dabei ärgerte ich mich nicht einmal über diese Attribute; tatsächlich hätte ich mir zu dieser Zeit – in der ich ja immer noch auf Identitätssuche war – sogar gewünscht, ich wäre deutlich als Afrikaner zu erkennen gewesen, oder eben als Deutscher, bloß nicht als irgend etwas dazwischen. Was mich ärgerte, war, dass er mich nicht so darstellte, wie ich wirklich aussah.

Als ich ihm das sagte, fragte er mich, ob ich wisse, was »negroide Merkmale« sind. Ich verneinte, weil ich diesen Ausdruck noch nicht gehört hatte. Er erklärte mir, dass bestimmte Völkergruppen auch bestimmte äußerliche Merkmale haben; bei den Menschen aus dem afrikanischen Raum seien das eben krause Haare, wulstige Lippen und breite Nasen.

Heute weiß ich, dass diese Zeichnungen keineswegs böse oder gar rassistisch gemeint waren, nein, er nahm mich eben so wahr. Es gibt keine objektiven Wahrnehmungen, sondern wie wir sehen und wahrnehmen, ist von unserem Denken und unserem Hintergrundwissen bestimmt. Was wir erwarten zu sehen, werden wir in den meisten Fällen auch tatsächlich sehen – selbst wenn es in Wirklichkeit anders aussieht (wobei man sogar darüber nachdenken könnte, was diese »Wirklichkeit« überhaupt ist, denn eine Wirklichkeit, die kein Mensch wahrnimmt, kann auch keine Wirklichkeit sein...). In der Pädagogik und in der Wirtschaft ist dieses Phänomen unter der Bezeichnung »Thomas-Theorem« bekannt – das Gesetz, der sich selbst bestätigenden Erwartungen.

Hinter diesen Wahrnehmungen steckt jedoch leider mehr – auch die anderen nicht-äußerlichen Vorurteile gegenüber Afrikanern oder fremden Menschen: Sie sehen nicht nur alle gleich aus, sie sind auch sonst alle gleich, z. B. arm, dumm, kriminell.

Noch heute sehen mich Menschen, die etwas über meine Herkunft wissen oder viele Einwohner Idar-Obersteins, die außer Amerikanern (Soldaten) keine anderen Ausländer kennen, als einen Afrikaner mit wulstigen Lippen, breiter Nase und krausen Haaren, während ich von Deutschen und von Ausländern in Frankfurt am Main schon für einen Inder, einen Syrer, einen Brasilianer und sehr oft für einen Marokkaner gehalten werde, Einschätzungen, die meine oben genannte These immer wieder stützen.

Damals jedoch erkannte ich das Phänomen noch nicht, und die Zeichnungen des Jungen schmerzten in meiner Seele.

Es schien mir so, dass je mehr ich mit den Menschen auskommen wollte und je mehr ich von ihnen erwartete, desto mehr ich enttäuscht werden sollte. Es dauerte lange, bis ich beides voneinander trennte: Mit Menschen auskommen: ja – von Menschen etwas erwarten: nein!

Joachims Anstrengungen, mich zum Besuch der Gemeinde zu bewegen, waren enorm. Fast täglich begleitete er mich auf meinem Nachhauseweg und unterhielt sich mit mir über mein damaliges Lieblingsthema, die Indianer. Irgendwann fing er auch an, mich zum Jugendkreis einzuladen, zurückhaltend wie ich damals noch war, lehnte ich mit irgendwelchen Ausreden ab. Er gab jedoch nicht auf und lud mich zu sich nach Hause ein, wobei es sich dabei zugleich um das Gemeindehaus handelte, denn die Familie des Leiters wohnte in einem oberen Stockwerk des Hauses. Nach einiger Zeit fielen mir keine Ausreden mehr ein und ich besuchte ihn. Es war eine für mich absolut ungewohnte Situation, weil ich seit vielen Jahren nicht mehr in einer fremden Wohnung gewesen war, von der einen Geburtstagsfeier, die ich kurz angesprochen habe, abgesehen. Natürlich gab ich mir Mühe, mein Unbehagen zu verbergen, und wahrscheinlich konnten sich Joachim und seine Brüder auch keine Vorstellung von meiner Situation machen, sie hatten ja ständig mit gleichaltrigen Jugendlichen zu tun, wurden besucht und besuchten auch andere. Mir war es jedoch äußerst flau im Magen angesichts der mir unbekannten Menschen aus Joachims Familie, den anderen Lebensverhältnissen. Und im Hintergrund gab es das bedrückende Gefühl des Alleingelassenseins; in diesen Momenten fehlte mir mein Bruder, der ja noch der einzige Vertraute meiner Jugend war.

In den folgenden Wochen besuchte ich Joachim dann immer öfter. Er ging raffiniert vor und legte die Besuchstermine auf den Tag, an dem die Jugendstunde stattfand und dann immer näher an die Uhrzeit für die Jugendstunde heran. Nun bot er mir an, daran teilzunehmen, damit wir hinterher weiter reden konnten. Ich lehnte zunächst wieder ab, meist mit der Begründung, dass ich die anderen Leute ja nicht kennen würde. Diese anderen kamen aber nicht immer pünktlich und waren oft schon eine halbe Stunde vorher im Hause. Natürlich wurden sie mir vorgestellt, und ich lernte einige als ganz nette Menschen kennen. Irgendwann wollte ich wieder eine Einladung ablehnen, aber Joachim fragte mich: »Wen kennst du denn nicht?« Und dann zählte er mir jeden einzelnen auf, und erstaunt stellte ich fest, dass ich alle kannte...

Mit ähnlichen Anfangsschwierigkeiten, die aber auch mit der Zeit schwächer wurden und sich nach und nach auflösten, liefen alle meine Starts in das gesellschaftliche Leben ab.

Die Schwierigkeiten mit meiner Hautfarbe gingen nicht mehr mit körperlicher Gewalt einher. Das mochte vor allem daran liegen, dass unter Kindern und Jugendlichen Auseinandersetzungen eher mit Tätlichkeiten ausgedrückt werden, während Erwachsene sich eher verbal äußern, es konnte aber auch im Zusammenhang mit meinem kleinen gesellschaftlichen Aufstieg stehen, denn durch den Besuch des Gymnasiums und über die Kreise, zu denen ich gehörte, hatte ich einen Weg in die Mittelschicht gefunden. Möglich war natürlich auch, dass es mit meiner Gestalt zu tun hatte, denn mittlerweile war ich 1,90 Meter groß und stark gebaut.

Was jedoch bis heute geblieben ist, sind Vorurteile, dessen sich der Gesprächspartner oft gar nicht bewusst ist und die von ihm auch nicht böse gemeint sind, es sind einfach Vorstellungen, die er aufgrund mangelnden Wissens aufgebaut hat, wie etwa: Menschen mit dunkler Hautfarbe (oder auch Frauen heller Hautfarbe...) sind weniger intelligent.

Aber auch das ist eine Form von Rassismus, selbst wenn sie nicht beabsichtigt oder böswillig ist. Rassismus ist eigentlich immer und überall vorhanden ist, kein Mensch ist vollkommen frei davon. Männer mit heller Hautfarbe in Deutschland werden sich dessen wohl kaum bewusst sein, da sie vielleicht noch nie in der Situation waren, damit konfrontiert zu werden. Wenn sie sich selbst für tolerant halten, gehen sie womöglich von der Annahme aus, dass ein Leben mit einer anderen Hautfarbe oder einer anderen Nationalität in Deutschland gar nicht so schlecht sei.

Frauen haben schon eher irgendwann die Erfahrung gemacht, dass ihre Chancen geringer waren, eine gute Stelle zu bekommen, oder dass sie in Verhandlungen das Gefühl hatten, ihr männlicher Gesprächspartner sehe sie als nicht gleichwertig an. Behinderte Menschen aber haben auf jeden Fall schon ähnliche Erlebnisse gehabt. Die Frauen haben einen gewissen Vorteil darin, dass sie die Bevölkerungsmehrheit sind, und sich ohne Probleme solidarisieren können. Sie haben auch schon sehr viel in den letzten Jahren und Jahrzehnten erreicht. Trotzdem wird Deutschland noch immer von Männern dominiert.

Tatsächlich ist die soeben erwähnte Annahme, ein Leben mit einer anderen Hautfarbe oder einer anderen Nationalität könne in Deutschland ohne Probleme ablaufen, falsch. Ein Mensch, der offensichtlich »fremd« aussieht – und Ausländerfeindlichkeit, bzw. Rassismus ist fast immer Fremdenfeindlichkeit oder Fremdenangst –, muss ständig mit dem Bewusstsein leben, »anders« zu sein. Ich werde jeden Tag in vielfältiger Weise daran erinnert. Da sind Frauen, die mir auf der Straße begegnen und offensichtlich Angst vor mir haben, da sind Pförtner, die mich als Beamten nicht in ihre Behörden lassen oder nur nach Diskussionen, da sind Kinder – besonders in Kleinstädten und Dörfern – die mich unverhohlen anglotzen, da sind Verkäufer, die noch eben einen Kunden freundlich bedient haben, zu mir aber kühl und abweisend sind, mich dann und wann sogar in sehr einfachem Deutsch oder im »Ausländerdeutsch« ansprechen. (»Wo du komme?« – »Was du wolle?«)

Ganz besonders ärgert es mich, wenn mir jemand eine Frage stellt, ich diese nicht sofort beantworte und er dann zu seinem Nachbar raunt: »Das versteht er jetzt nicht!«

Einem Freund, mit dem ich 1999 in Berlin war, fiel auf, dass ich ständig gefragt werde, woher ich komme. Ich sagte ihm, dass mir das schon kaum mehr auffalle, dass diese Frage Teil meines Lebens geworden sei. Nicht immer gebe ich darauf die richtige Antwort, einerseits weil mich die Frage manchmal belästigt, andererseits weil ich aus unzähligen Erfahrungen weiß, dass nach meiner Antwort »Aus Deutschland« die nächste Frage kommt: »Und ursprünglich?«

Die einzelne Frage einzelner Menschen ist dabei nicht störend, es sei denn, der Ton sei abfällig; ausschlaggebend ist die Häufigkeit, mit der diese Frage gestellt wird.

Mit einer fast selbstverständlichen Natürlichkeit sagen hellhäutige Menschenrechtler, dass eine Welt – oder ein deutscher Staat – wünschenswert wäre, in der es diese Vorurteile und Diskriminierungen nicht mehr gibt. Für mich ist dieses Ziel außer Reichweite, ich beschäftige mich nicht damit. Die Vorstellungen in den Köpfen der Menschen kann man nicht durch Kampagnen jedweder Art ändern, und Massendemonstrationen gegen Ausländerfeindlichkeit sind nutzlos. Dieselben Menschen, die am Palmsonntag zu Jesus gerufen haben: »Hosianna. Gelobt sei der da kommt im Namen des Herrn« haben nur ein paar Tage später, am Karfreitag, »Kreuzigt ihn!« gerufen! Und Väter, die noch geschockt und entrüstet am Fernseher sehen, wie ein Asylantenheim brennt, verprügeln am nächsten Tag ihre Tochter, wenn sie mit einem Türken nach Hause kommt.

Menschenrechtler werden sich nun fragen, was ich denn fordere. Ich fordere gar nichts. Ich denke nicht, dass man mit Forderungen etwas erreicht. Ich kann nur als Einzelner in einzelne Menschen ein Samenkorn setzen. Ihnen versuchen zu vermitteln, dass ich als Mensch mit einer dunklen Hautfarbe genauso ein Mensch bin wie alle anderen, mit Stärken und mit Schwächen, mit guten und mit schlechten Seiten. Ich kann mir wünschen, dass dieses Samenkorn aufgeht und im Menschen blüht, und ich kann mir wünschen, dass andere benachteiligte Menschen ebenfalls Samenkörner pflanzen. Das ist alles.

Wie bei vielen Situationen im Leben, fällt mir auch hier spontan ein Gleichnis aus der Bibel ein:
»Hört zu! Siehe, es ging ein Sämann aus zu säen. Und es begab sich, indem er säte, dass einiges auf den Weg fiel; da kamen die Vögel und fraßen's auf. Einiges fiel auf felsigen Boden, wo es nicht viel Erde hatte, und ging alsbald auf, weil es keine tiefe Erde hatte. Als nun die Sonne aufging, verwelkte es, und weil es keine Wurzel hatte, verdorrte es. Und einiges fiel unter die Dor-

nen, und die Dornen wuchsen empor und erstickten's, und es brachte keine Frucht. Und einiges fiel auf gutes Land, ging auf und wuchs und brachte Frucht, und einiges trug dreißigfach und einiges sechzigfach und einiges hundertfach.« *(Markus 4, Verse 3–8)*

Mit den Samenkörnern meinte Jesus das gesprochene Wort, in diesem Falle das von Gott, aber ich beziehe es mal auf alle Überzeugungsversuche.

Manche Menschen sind nicht zu erreichen, die breite Masse schon gar nicht. Aber ich sage: Selbst wenn man nur bei jedem Vierten etwas ausrichten kann, dann ist es dieser Mensch wert.

Damit, dass der größte Teil der Überzeugungsarbeit umsonst ist, muss man leben, denn zu denken, in anderen Ländern sei es anders, ist ein Trugschluss: man sehe nur auf die Diskriminierungen, die Schwarze in den Vereinigten Staaten ertragen, einem Land, das keiner der dort Lebenden (mit Ausnahme vielleicht der Ureinwohner) als »sein Land« bezeichnen kann.

Die Freie Evangelische Gemeinde war ein gut gewählter kleiner Schritt in die Gesellschaft. Die Mädchen und Jungen, die sich hier trafen, gehörten nicht zu den hartgesottenen, coolen Jugendlichen, auf die ich ja auch hätte treffen können, und die mir meinen Einstieg hätten erschweren können. Teilweise waren auch Sonderlinge wie ich darunter, die es woanders nicht leicht gehabt hätten, anerkannt und gleichberechtigt zu werden. Aber auch hier gab es keine Gleichberechtigung: Einige Jungen und Mädchen, die sich im Glauben einen oder mehrere Schritte weiter als die anderen fühlten, nahmen sich das Recht, den anderen Anweisungen zu geben. Eine formell nicht vorhandene Rangordnung entstand dadurch, dass sich manche etwas von diesen vermeintlich Stärkeren sagen ließen und andere nicht. So gab es immer versteckte oder offene Machtkämpfe. Spätere Erfahrungen in anderen sogenannten »christlichen« Kreisen haben mich davon überzeugt, dass diese Hackordnung unter Christen im Großen und Ganzen allgemein üblich ist. Sie nennen das oft »Zurechtweisen«.

Nach etwa drei bis vier Jahren begann sich mein Glaube, ja mein gesamtes Weltbild, in eine andere Richtung zu entwickeln und entsprach nicht mehr den Vorstellungen der Gemeinde. Der

Anstoß hierzu kam sogar indirekt aus der Gemeinde selbst. Da die Beschäftigung mit anderen Religionen verpönt war, kursierten mitunter auch falsche Ansichten über sie. Weil mich aber die Unterschiede zum Christentum ebenso interessierten wie die Gemeinsamkeiten, blieb mir nur die Möglichkeit, die großen Schriften des Islam, des Hinduismus und des Buddhismus selbst zu lesen. Dadurch taten sich mir nach und nach neue und sehr interessante Welten auf. Für mich gehörten Begriffe wie »Gott« oder »Glaube« nun nicht mehr allein zur christlichen Religion, sondern ich fand, dass auch andere Glaubensvorstellungen ihre Berechtigung hatten.

Heute betrachte ich mich als einen gläubigen Menschen, bin es aber wahrscheinlich nicht im Sinne der Kirche. Es ist vielmehr so, dass mein Glaube davon ausgeht, dass in allen großen Weltreligionen Wahrheiten liegen, den endgültigen Sinn und die endgültige Vorstellung von Gott aber jeder Mensch für sich selbst finden muss. Zusammenschlüsse von Menschen sind meines Erachtens nur oberflächlich, weil im Grunde – der Philosoph (und Atheist) Ludwig Feuerbach hat das bereits gesagt – jeder Mensch seinen eigenen Glauben hat.

Interessant für mich waren meine Begegnungen mit den Gläubigen. Vieles von dem, was ich in Bezug auf meine Hautfarbe erlebte, geschah in Kirchen oder im Zusammenhang mit Menschen, die sich selbst »Christen« nennen. Es fing schon sehr früh an mit den Erlebnissen im Schwarzwald unter den Nonnen. Aber auch in den Kirchen sind mir und meinem Bruder böse Blicke entgegen gesandt worden, und andere Kinder haben uns gemieden. Viele Gläubige scheinen den Zusammenhang zwischen dem, was der Pfarrer vorne predigt, und dem eigenen Handeln nicht zu verstehen. Das eine ist für sie nur Theorie, während die Praxis ganz anders aussieht. Jesus Christus aber, die Person, nach der sie sich »Christen« nennen und die sie als Heiland und Hirten bezeichnen, war auch kein Europäer und erst recht kein Deutscher.

Merkwürdigerweise waren fast alle Menschen, mit denen ich nie Probleme wegen meiner Hautfarbe hatte und die mich als gleichwertig betrachteten, Atheisten.

Trotz meiner sich ändernden Sichtweisen kehrte ich der Gemeinde nicht sofort den Rücken, sondern ging noch ab und zu dorthin, und hielt auch später weiterhin zu dem Einen oder der Anderen Kontakt. Mancher dieser Kontakte bestehen sogar noch heute.

Zwei meiner Vorbilder, Michael Bauer und Thomas Schneider, lernte ich übrigens durch die Gemeinde kennen. Beide hatten keinen leichten Stand, weil sie es wagten, der üblichen »Lehrmeinung« auch mal zu widersprechen. Aber sie waren auch beide stark genug, ihren Standpunkt souverän zu vertreten. Sie verfügten über mehr Wissen und Erfahrung als die anderen Jugendlichen und behielten in Diskussionen meistens die Oberhand. Ihre Kenntnisse imponierten mir sehr, dazu waren sie gepaart mit einer natürlichen Bescheidenheit. Während andere in der Gemeinde mit ihrem geringeren Wissen protzten, blieben sie ruhig und selbstbewusst. Insgeheim – ohne es ihnen oder anderen zu sagen – nahm ich mir vor, mir auch solch ein umfangreiches Wissen anzueignen.

Ich habe ständig Menschen im Sinn, die ich bewundere und deren Fähigkeiten oder Werdegang mich anregen, selbst nicht stehen zu bleiben. Dabei spielt es keine Rolle, ob ich diese Menschen persönlich kenne oder nicht. Ein großes Vorbild für mein Leben war und ist Wilma Rudolph, eine schwarze Frau, die als zwanzigstes von zweiundzwanzig Kindern auf die Welt kam und im Alter von vier Jahren an Kinderlähmung erkrankte. Eines ihrer Beine war gelähmt. Sie kämpfte trotz der Behinderung, trotz ihrer Hautfarbe, trotz ihrer Armut und trotz ihrer Rolle als Frau und schaffte es, dass sie im Alter von elf Jahren wieder normal laufen konnte. Wieder ein paar Jahre später holte sie bei den Olympischen Spielen in Rom drei Goldmedaillen – alle in Laufdisziplinen. Sie war zu dieser Zeit die schnellste Frau der Welt.

Noch während ich regelmäßig die Freie Evangelische Gemeinde im Stadtteil Idar besuchte, ging meine Realschulzeit zu Ende. Die letzten beiden Jahre – 1975 und 1976 – sind mir dabei in guter Erinnerung. Dazu trug das besondere Klima innerhalb unserer

Klasse bei. Ich war schon immer ein Mensch, der auf zufällig zusammengestellte Gruppen keinen besonderen Wert legt. Und eine Schulklasse ist solch eine Gruppe, die sich nicht selbst zusammenfindet, sondern aufgrund äußerer Umstände zustande kommt. Deshalb – und wegen der Erlebnisse in meiner Kindheit und frühen Jugend – habe ich mich noch nie mit irgendeiner Klasse irgendwie identifiziert.

Lediglich die neunte und zehnte Klasse der Realschule war für mich etwas anders. Das besondere und einfühlsame Engagement unseres Klassensprechers, Klaus Cullmann, schuf eine Atmosphäre in der sich alle Schüler untereinander verstanden. Ich erinnere mich nicht, dass es jemals größere Differenzen unter uns gab, und was beeindruckend war: es gab keine Außenseiter mehr. Zum ersten Mal in meiner Schulzeit hatte ich das Gefühl, ein gleichberechtigter Klassenkamerad zu sein. Zum ersten Mal ging ich nun auch in die Schule, um Schülerinnen und Schüler wieder zu sehen. Viel später, als ich unsere Deutschlehrerin in einer Autorengruppe wieder traf, stellte sich heraus, dass wir zudem die beliebteste Klasse der gesamten Realschule gewesen waren.

Leider änderte sich dies, als ich das Gymnasium besuchte. Hier gab es kein Zusammengehörigkeitsgefühl in der Klasse, und fast jeder arbeitete für sich allein. Ohne meinen Freund Max, mit dem ich einen Science-Fiction-Roman zusammen geschrieben habe, wäre diese Zeit für mich sehr trist gewesen.

Im Alter von 21 Jahren leistete ich meinen Zivildienst in einem Wohnheim für Behinderte ab. Unerwartet für mich war, dass ich in den 16 Monaten dort nicht eine einzige Anspielung auf meine Hautfarbe oder gar Anfeindung deswegen erfahren habe. Dabei waren die meisten Behinderten auf einem Niveau von Kindern oder Jugendlichen, viele hätte man sogar eher als »verhaltensauffällig« denn als »behindert« bezeichnen können. Drei Menschen gab es auch, die nicht geistig, sondern körperlich behindert waren. Es kam hin und wieder vor, dass die Bewohner Auseinandersetzungen mit ihren Betreuern hatten und so auch mit mir, aber selbst in dieser Zeit fiel nie ein Wort der Beleidigung, welches auf meine Hautfarbe bezogen war.

Ich wurde nie nach meiner Herkunft gefragt oder nach einer Erklärung für mein Äußeres.

In der Einrichtung arbeitete auch Christiane, eine Frau, die in Scheidung lebte und Mutter eines kleinen Mädchens namens Nicole war. An dem Tag, an dem ich sie das erste Mal sah, verliebte ich mich in sie. Leider musste ich ziemlich bald danach auf eine vierwöchige Zivildienstschule in Waldbröl gehen und sah sie erst mal nicht wieder. Als ich zurückkam, hatte Christiane Urlaub, inzwischen hatte aber eine junge und sehr hübsche Praktikantin namens Mareike ihren Dienst angetreten.

Auch sie geisterte in meinem Kopf umher, wenngleich nicht annähernd so stark wie Christiane. Ich hatte kaum Hoffnungen, jemals eine der beiden Frauen für mich zu begeistern, was mich aber nicht davon abhielt, mich trotzdem gewissen Wunschträumen hinzugeben. So ersehnte ich in erster Linie die Liebe von Christiane, wollte aber – ähnlich wie ein Schachspieler mit einem Zug zwei Möglichkeiten aufbaut, eine große und eine kleine – auch Mareike nicht außer acht lassen, um sie in den Vordergrund zu rücken, falls es mit Christiane nicht klappen sollte. Andererseits rechnete ich mit ihr noch weniger als mit Christiane, denn solch ein hübsches Mädchen, das jeden haben könnte, würde sich wohl kaum für mich interessieren.

Es passierten dann aber unerwartete und für mich unglaubliche Dinge.

Christiane kam in ihrem Urlaub im Wohnheim vorbei und lud mich und Mareike zu sich ein. Wir sagten mit Freude zu, und ich erfuhr erst später, warum sich Mareike so sehr darüber freute.

Mareike und ich hatten nach unserem Dienst bis zum Besuch noch ein paar Stunden Zeit und gingen gemeinsam in die Stadt. Idar-Oberstein bot zu dieser Zeit, vor der Überbauung der Nahe, als es noch keine Fußgängerzone gab, wenig Möglichkeiten, einen ganzen Nachmittag und Abend zu verbringen. Wir tranken irgendwo etwas und spazierten dann händchenhaltend durch die Straßen. Obwohl ich in Christiane verliebt war, gefiel mir dies. Und da ich ja bisher, was Mädchen anging, alles andere als erfolgsverwöhnt war, bedeutete mir das Händchenhalten schon sehr viel. Wenn ich mich nur getraut hätte und auch ein wenig erfahrener gewesen wäre, hätte ich Mareike geküsst. Und wahrscheinlich wäre dann alles ganz anders gekommen...

Später saßen wir bei Christiane auf der Couch. Ihre Tochter Nicole verbrachte die Nacht bei der Oma im gleichen Ort. Ich saß zwischen Christiane und Mareike, hatte einen Wodka Orange getrunken und wurde zusehends beschwipster. Darum traute ich mich auch, sowohl Christiane als auch Mareike die Hände zu streicheln oder meinen Arm mal um die eine, dann wieder um die andere zu legen. Es war für mich nur Spiel, da ich mir immer noch nicht vorstellen konnte, irgendeine der beiden Frauen könnte sich ernsthaft für mich interessieren.

Als es dann sehr spät wurde, musste Mareike nach Hause. Und hier begannen sich die Weichen dann endgültig zu stellen. Würde ich Mareike, die mit mir gekommen war, nach Hause fahren oder Christiane? Wir boten uns beide an.

Schließlich tat es Christiane. Und ich blieb alleine in ihrer Wohnung zurück. Während ich auf ihre Rückkehr wartete, redete ich mir meine letzten Zweifel aus: Christiane hatte alles so eingefädelt, um mit mir alleine zu sein.

Als sie zurückkam, brauchten wir plötzlich nichts mehr zu fragen oder zu erklären...

Wie viel Uhr es war, als ich schließlich nach Hause fuhr, weiß ich nicht mehr.

Am nächsten Tag rief ich Christiane an. In gespannter Erwartung ging ich zur Telefonzelle, denn ich rechnete immer noch ein wenig damit, dass ich mich falschen Hoffnungen hingegeben hatte und mir Christiane sagen würde: »Nimm das bitte nicht ernst, was passiert ist, wir waren ja beide betrunken.«

Tatsächlich kam dann ein anderer Paukenschlag.

Christiane teilte mir mit, dass Mareike sie angerufen habe. Auch sie sei verliebt in mich und völlig ratlos, weil sie nicht wisse, was mit uns zwei (also mit Christiane und mir) sei. Sie habe die ganze Nacht geweint. Christiane wollte noch einmal sicher gehen und von mir wissen, ob ich mich nicht doch für Mareike entscheiden wolle. Aber das stand für mich außer Frage. Trotzdem ging mir die Sache mit Mareike sehr nahe.

Ich erfuhr immer mehr. Mareike hatte die Einladung nur angenommen, weil sie hoffte, dass sich so eine Chance ergäbe, mich zu kriegen. Als wir in der Stadt unterwegs waren, hatte sie den Sieg schon halb davon getragen, nur noch nichts gesagt und auch keine Andeutung mir gegenüber gemacht. In meiner Unerfahrenheit hatte ich nichts davon bemerkt, wie ich ja auch nicht gemerkt hatte, dass Christiane sich ebenfalls für mich interessierte. Hätte Mareike in der Stadt etwas gesagt, wäre ich vielleicht gar nicht zu Christiane gegangen oder ich hätte mich bei ihr völlig anders verhalten. Mareike hatte natürlich aus gutem Grund gehofft, ich würde sie nach Hause fahren. Sie hatte aber auch gesehen, dass ich für Christiane Sympathie hegte, andererseits hatte ich ja auch sie gestreichelt und umarmt. Sie sah noch eine Chance. Auf der Heimfahrt hätte sie sich mir anvertraut. Als ich dann aber zugelassen hatte, dass Christiane sie fuhr, wurde ihr klar, dass ihre Chancen sich auflösten.

So stand nun die Sache, und ich musste damit fertig werden, dass sich zwei Frauen gleichzeitig in mich verliebt hatten, aber auch damit, dass ich nach vielen Jahren und vielen Verliebtheiten endlich meine erste Liebe hatte.

Wir wollten uns natürlich öfter sehen, aber Christiane sagte mir, dass es nicht gut sei, wenn man mich im Dorfe sähe, erstens, weil sie ja noch verheiratet war, und zweitens, weil ich wegen meiner Hautfarbe sofort auffallen und Anlass zu Gesprächen geben würde.

Natürlich besuchte ich sie so oft es ging, aber es war immer schon dunkel. Auch wenn wir uns anderswo trafen, dann nur heimlich, weil wir unsere Liebe auch vor den anderen Bediensteten des Wohnheims versteckten.

Heute denke und handle ich anders als zu jener Zeit. Ich denke, dass jeder Mensch zu seiner Liebe stehen und gegebenenfalls auch widrige Umstände in Kauf nehmen muss, ja sogar, dass solche widrigen Umstände Anlass sein können, eine Liebe zu beweisen und Ansporn, gemeinsam die Schwierigkeiten zu überstehen.

Damals war ich jedoch noch nicht so selbstbewusst wie heute, und Christiane war sich unsicher, was eigentlich passieren würde, wenn etwas herauskäme. Das zeigte sich besonders deutlich an ihren Mutmaßungen, wie ihre Eltern die Freundschaft mit mir aufnehmen würden. Sie meinte, es würde in ihrem Elternhaus ein Drama geben und sie könnte sich nicht mehr dort sehen lassen. Tatsächlich nahmen mich ihre Eltern sehr gut auf, und ich wurde nicht nur ein geliebter Gast der Familie, sondern verstand mich später fast mit jedem Familienmitglied besser als mit Christiane selbst.

Ich habe meinen Zivildienst im August 1981 angetreten und war seit dem September mit Christiane befreundet. Aber es verging der ganze Winter 1981/82, bis unsere Liebe zum ersten Male »öffentlich« wurde. Es begann an einem Tag, an dem Christianes Schwester Annika, die mit ihrem Freund Ralf in Berlin lebte, zu Besuch kam. An solchen Tagen pflegte ich, um auch etwas vom Besuch zu haben, bereits am Vortag nach Einbruch der Dunkelheit Christiane aufzusuchen, den folgenden Tag in ihrer Wohnung zu bleiben und erst in der nächsten Nacht wieder nach Hause zu fahren. Der Tag, an dem Annika und ihr Freund Christiane besuchten, war ein Sonntag. Ich war also bereits seit Samstagnacht dort.

Annika, Ralf und ich verstanden uns sofort. Christianes Schwester war zwar auch im Dorf geboren, lebte aber schon sehr lange in der Großstadt, was man an ihrem weltoffenen, ungezwungenen Verhalten merkte. Sie trug Kleidung, die in Idar-Oberstein nur selten gesehen wurde, hörte Musik, die hier total unbekannt war und sprach offen und ehrlich über Dinge, die bei uns nur unter engen Vertrauten angesprochen wurden – wenn überhaupt. Ralf war ganz ähnlich, er war in Hamburg geboren und aufgewachsen.

Dann fiel Annika ein, dass sie dringend ein Medikament benötigte, das es nur in Apotheken gab. Wir erkundigten uns nach der Notapotheke, einer Apotheke im Stadtteil Idar, von der ich genau wusste, wo sie zu finden war. Annika und Ralf wussten es nicht und fragten deshalb, ob ich sie hinfahren könnte.

Ich sah die beiden an und sagte: »Nein, das kann ich nicht.«

»Warum denn nicht?«

»Es ist so, dass hier im Dorf nicht bekannt ist, dass ich der Freund von Christiane bin.«

Die beiden waren sehr erstaunt. Dann fragte Ralf: »Na und? Du kannst uns doch trotzdem dahin fahren. Woher soll denn irgend jemand wissen, dass du der Freund von Christiane bist?«

Ich erklärte also, dass dies ein Dorf sei, wo alle Bewohner sich untereinander kannten und beobachteten (was Annika natürlich bestätigen konnte), dass mich niemand hatte kommen sehen, dass ich mein Auto auf einem Parkplatz am Dorfeingang geparkt hatte und nicht vor der Tür, dass mich auch niemand im Dorf bisher mit Christiane in Verbindung bringen konnte, weil ich selbst als ihr Besucher noch nicht wahrgenommen worden war.

Die Schilderung löste bei den beiden entsetztes Kopfschütteln aus und machte auf mich selbst einen intensiven Eindruck. Es wurde mir deutlich – vielleicht zum ersten Male –, wie sehr ich letztlich unter dieser Situation litt, etwas, was ich mir nie eingestanden hatte. Sicher spielte dabei die allgemeine Dorfsituation eine Rolle und sicher auch die Tatsache, dass Christiane ja noch verheiratet war, aber wäre ich hellhäutig gewesen, hätte das gefürchtete Dorfgespräch sicherlich eine andere Richtung genommen. Was wir wirklich befürchteten, war, dass ich als Dunkelhäutiger besonders auffallen und ein besonderes Gesprächsthema abgeben würde.

Annika und Ralf beschlossen, dem Versteckspiel ein Ende zu bereiten. Jetzt bestanden sie darauf, dass ich sie zur Apotheke fuhr. Ich sah Christiane an. Schließlich würde es mehr Auswirkungen auf sie als auf mich haben, denn sie lebte ja hier. Sie gab ihr Okay, und ich fuhr am helllichten Tage von Kirchenbollenbach nach Idar.

Auf dem Rückweg, als ich durch das Dorf fuhr (ich hatte ja den Wagen immer nur am Dorfeingang geparkt und war von dort aus zur Wohnung gelaufen), fiel mir auf, dass ich den Ort gar nicht kannte. Bisher hatte ich die Straßen und Häuser nur bei Dunkelheit gesehen. Als ich dies Annika und Ralf mitteilte, konnte ich nicht verhindern, dass mir die Tränen in die Augen schossen.

Es kam nicht zum Eklat – weder im Dorf noch in der Familie. Die Menschen im Dorf betrachteten mich zwar zunächst mit Misstrauen oder besser gesagt mit Zurückhaltung, doch schon bald war ich im Dorf allgemein bekannt und sogar beliebt und wurde von den Bewohnern freundlich gegrüßt, wenn ich mit Nicole spazieren ging, was ich übrigens sehr gern und sehr häufig tat.

Christianes Eltern liebten mich wie ihren Sohn. Wenn ich mit Christiane Probleme hatte, was merkwürdigerweise erst begann, nachdem die Heimlichtuerei beendet war, war ihre Mutter die Person, mit der ich darüber sprechen konnte und die mir sehr oft half.

Und auch mit dem Rest der Familie, mit Christianes Brüdern und Schwestern, hatte ich ein sehr gutes Verhältnis, und wurde allgemein der »Lieblingsschwager«.

Zum ersten Male spürte ich, was ich später noch öfter spüren sollte, dass ein anfängliches Misstrauen oder sogar ein leichter Hass in ein sehr gutes Verhältnis umschlägt, nachdem die Menschen mich erst einmal kennen gelernt haben. Solange sie mich nur über meine Hautfarbe in irgendeine Schublade einordnen, statten sie mich auch mit den Attributen aus, die sie für diese Schublade bereit halten, oder sie haben eben gar keine Attribute für mich, und gerade dieses Unbekannte macht sie vorsichtig und misstrauisch. Wenn sie mich jedoch persönlich kennen, dann habe ich eine Chance, die Schublade zu verlassen und als eigenständige Person in ihr Leben zu treten. Da ich zu einem sehr umgänglichen und ausgeglichenen Menschen geworden bin – auch die meisten meiner Mitmenschen sehen mich als einen solchen –, haben mich verständnisvolle Menschen sehr schnell liebgewonnen.

Durch die Freundschaft mit Christiane wurde der Graben zwischen mir und meiner Mutter (und auch meinem Bruder) nochmals und entscheidend größer. Ich bin sogar der Meinung, dass diese Freundschaft der Auslöser für den endgültigen Bruch war, auch wenn dieser erst Jahre später erfolgen sollte. Denn erst in dieser Zeit stellte ich fest, welche Intrigen zu spinnen meine Mutter in der Lage war.

Sie verhielt sich dabei absolut berechnend. Mir gegenüber hatte sie es aufgegeben, mich auf die frühere plumpe Art von der Niedertracht der Deutschen überzeugen zu wollen. Nunmehr ging sie daran, Christiane auf subtilere Art bei mir schlecht zu machen. Was immer ich auch von ihr erzählte, sie versuchte, daraus etwas Übles oder Falsches abzuleiten. Einmal erzählte sie mir eine – vermutlich erdachte – Geschichte von meinem Vater, der sich in jungen Jahren auch einmal unsterblich in eine ältere Frau verliebt hatte und dann von ihr enttäuscht worden war.

Gleichzeitig telefonierte sie – wie ich mit der Zeit feststellte – so oft es ging mit meiner Freundin, wobei sie es da umgekehrt trieb. Als angeblich besorgte Mutter wollte sie Christiane immer ein paar Ratschläge geben. Diese »Ratschläge« waren so spitzfindig gewählt, dass sie immer auf irgendwelche Schwächen meinerseits hindeuteten. Natürlich hatte sie sich diese Schwächen allesamt ausgedacht, aber auch da ging sie wieder so »klug« vor, dass es nicht auf den ersten Blick auffiel.

Schlecht für mich war dabei lediglich, dass Christiane mir nicht immer von diesen Anrufen erzählte und sie dann und wann sogar ernst nahm. Wenn ich allerdings einen guten Zeitpunkt zum Fragen erwischte, offenbarte sie mir die gesamte Wahrheit.

Es gelang mir nicht, meine Mutter von diesen Anrufen abzuhalten. Im Gegenteil, ihre Methoden wurden immer ausgefeilter, und sie weitete ihre Anrufe auf meinen gesamten Bekanntenkreis aus. Diese Vorgehensweise hat sie bis heute beibehalten!

Auch mein Bruder entfremdete sich sehr stark von mir. Er hielt immer fester zu unserer Mutter, wurde in Bezug auf sie immer weniger kritikfähig und nahm darum ihr Handeln mehr und mehr hin, ohne sich eigene Gedanken zu machen.

Mir selbst ging es so, dass ich mir bis zu dieser Zeit immer noch Unterstützung von ihm erhoffte, wenn nicht aktiv, so doch wenigstens in Form von ein wenig Verständnis. Dass weder das eine noch das andere von ihm kam, enttäuschte mich sehr. Wir hatten uns seit dieser Zeit im Grunde genommen nichts mehr zu sagen, und später stellte ich fest, dass er in zunehmenden Maße das Sprachrohr meiner Mutter wurde, inhaltlich aber auch in seiner Ausdrucksweise.

Nicht zuletzt durch Zutun meiner Mutter ging meine Partnerschaft mit Christiane nach sechzehn Monaten zu Ende.

Aufbau einer Heimat

Es ist an der Zeit, endlich von den Menschen zu sprechen, die für mich zur Heimat geworden sind. Es dauerte viele Jahre, bis die Saat, die ich in Form von Hinwendung zu den Menschen ausgestreut hatte, aufging und noch länger, bis ich ernten konnte. Die Jugendlichen der Freien Evangelischen Gemeinde, die Freunde aus meinem Zivildienst und Christiane – sie alle waren schon Stationen auf meinem Weg zur Heimat. Dennoch waren es bis zu dieser Zeit nur wenige, die mir bis heute wegen ihres Verständnisses und ihrer Liebe mehr bedeuten, die zu den Menschen gehören, die mir mein Leben lebenswert machen.

Auf jeden Fall zählen Michael Bauer und Thomas Schneider, meine ersten Vorbilder, zu ihnen und auch die Mutter von Christiane, die mich wie ihren Sohn aufnahm und mir half, wo und wann immer sie konnte.

Nach meiner Trennung von Christiane war ich eine Zeitlang sehr einsam. Aus der Evangelische Gemeinde war ich herausgewachsen, mein Zivildienst war zu Ende, und ich hatte keinen Kontakt mehr zu Christianes Familie. Mit meiner Mutter und meinem Bruder konnte ich mich nicht mehr wie früher unterhalten.

Dass ich nur ein paar Monate später zu verschiedenen Kreisen gehörte, habe ich einem einzigen Mädchen zu verdanken: Shirley Walldorf.

Shirley hatte ich in der Evangelischen Gemeinde kennen gelernt. Sie war eine der wenigen Personen der Gemeinschaft, die über den christlichen Horizont hinaus zu denken vermochte. Natürlich war ich in meiner Jugend in ihr ungezwungenes, aber doch leidenschaftliches, manchmal sogar melancholisches Wesen verliebt gewesen. Was ich in eben dieser Jugendzeit noch nicht wusste: Ich war noch nicht soweit, dass man sich auch in mich verlieben konnte. Selbstverständlich war ich ein netter Junge gewesen, auch einer, der gar nicht schlecht aussah, aber ich strahlte noch viel zu viel Zweifel und Orientierungslosigkeit aus.

Shirley hatte sich schon weitaus früher als ich durch die Gemeinde eingeengt gefühlt und sich überraschend schnell vom folgsamen Mädchen zur selbstbewussten Frau entwickelt. Folgerichtig war sie dann dort nicht mehr erschienen, so dass ich sie ein paar Jahre nicht mehr sah.

Aber Shirley sollte noch öfter wie eine gute Fee in meinem Leben auftauchen. Noch vor meinem Zivildienst war ich ihr über den Weg gelaufen, und sie hatte mich überredet, zu einem Gesprächskreis mit jungen Leuten mitzugehen, den ein Schulpfarrer eingerichtet hatte.

Dieser Kreis spielte zunächst nur eine Nebenrolle in meinem Leben, löste sich auch schon nach kurzer Zeit wieder auf. Trotzdem war diese Begegnung eine der wichtigsten meines Lebens.

In der Zwischenzeit verlor ich Shirley aus den Augen und begegnete ihr erst ein paar Monate später erneut. Wieder führte sie mich in einen Kreis ihrer engen Freunde ein, mit denen ich eine sehr schöne Zeit erlebte. Vor allem aber lernte ich ihre Mutter Anita kennen, die wie ihre Tochter ohne Zweifel eine liebevolle Persönlichkeit ist. Anita verstand mich auch deshalb, weil sie schon selbst einen dunkelhäutigen Ehemann gehabt hatte und ihre andere Tochter, Nathalie, die gleiche Hautfarbe wie ich hat.

In den nächsten Wochen war ich häufig in der Familie zu Gast und besuchte auch Anita alleine. Unsere Gespräche drehten sich so manches Mal um die Probleme, die Menschen mit dunkler Hautfarbe haben, aber sie war aufgeschlossener als meine Mutter, wenngleich auch sie etwas vom gleichen Misstrauen besaß.

Da ich in der Zwischenzeit noch die eine oder andere Mutter von Jugendlichen aus der Gemeinde kennen gelernt hatte, stellte ich fest, dass besonders Mütter schnell Zuneigung zu mir empfanden, eine besondere Art von Liebe, die ich auch erwiderte. Und dieses gegenseitige Empfinden ist bis heute geblieben.

Ein paar Monate später rief der Pfarrer einen neuen Kreis ins Leben, lud mich wieder dazu ein, und so lernte ich die nächsten Menschen kennen, die zu jenen gehören, die für mich zur Heimat geworden sind.

Der erste Abend war allerdings ernüchternd für mich. Die Jugendlichen, die sich im Hause des Pfarrers trafen, waren allesamt weit jünger als ich. Wieder hatte der Pfarrer Schüler aus seinem Religionsunterricht eingeladen, und das waren sechzehn-, siebzehn- und achtzehnjährige Jungen und Mädchen. Für mich aber war die Zeit nicht stehen geblieben, ich war mittlerweile 23 Jahre alt. Dazu kam, dass ich in dem Kreis nur ein Mädchen kannte: Nathalie, die jüngere Schwester Shirleys.

Ich weiß nicht mehr, was mich bewogen hat, trotzdem weiterhin zu den Abenden zu gehen. Ich blieb dem Kreis treu. Nach und nach wurden wir alle zu Freunden, auch wenn Einzelne fortblieben – unter anderem leider auch Nathalie – und andererseits der eine oder die andere neu hinzukam.

Mit vier Leuten und mir formierte sich aus dieser Gruppe eine Clique, die sich auch außerhalb der Gesprächsrunden immer öfter traf: Marlene, Guido, Peter, Monja und ich. Meistens fuhren wir mit dem Auto an den Stadtrand, gingen dort spazieren, hockten in Schutzhütten zusammen, hörten Musik und quatschten.

Wir trafen auch wieder auf Shirley, und sie schloss sich uns an.

Ich habe mich sehr oft gefragt, was das Besondere an diesen jungen Menschen war. Worin unterschieden sie sich von den vielen anderen, die mir auch noch zu dieser Zeit das Leben erschwerten und mir die gleichen Rechte nicht zubilligten?

Meine Antworten können nur bruchstückhaft sein.

Ein Grund lag sicher in der Art des Pfarrers Friedmann, alle Menschen als etwas ganz Besonderes zu sehen. In meinem Fall erwähnte er bereits bei der Vorstellung meine schriftstellerischen Aktivitäten und dass ich schon kurz Philosophie studiert habe. Mag sein, dass sich der dadurch erzeugte erste und durchaus positive Eindruck in den Köpfen einiger festsetzte.

Ausschlaggebend war jedoch auch, dass ich um einige Jahre älter war als alle anderen. Ich hatte mich viel mit Literatur, Naturwissenschaften, Religion und anderen Gebieten beschäftigt, mein Allgemeinwissen war gewachsen, und ich konnte bei vielen Themen mitreden. Dann und wann sogar bei Themen, von denen andere nur eine schwache Vorstellung hatten, wie etwa Philosophie.

Die Mädchen und Jungen in dem Kreis schlossen sich mir

mehr oder weniger an, weil ich immer eine Idee parat hatte, worüber man sprechen könnte, wohin man fahren könnte, was man mit dem Nachmittag oder Abend anfangen könnte. Nachdem ich mich von meiner Mutter und meinem Bruder gelöst hatte, hatte ich meine Selbständigkeit stark ausgebaut und eine Kreativität entwickelt, die mir half, meine Freizeit zu organisieren. So wurde ich unabsichtlich zu einer Leitfigur.

Ich stellte fest, dass ich endlich eine Gruppe gefunden hatte, die mich als Menschen aufnahm, und meine Hautfarbe nicht beachtete, mehr noch, sie nahm sie die meiste Zeit gar nicht wahr. Für sie spielten meine anderen Eigenschaften eine Rolle, und diese waren so wichtig und so interessant, dass für sie das Attribut, das für die meisten Menschen, besonders für die, die mich nicht kennen, so bedeutend ist, völlig nebensächlich war.

Viel später haben mir einige Bekannte gesagt, dass man sie manchmal regelrecht daran erinnern müsse, dass ich eigentlich dunkelhäutig sei, etwa so, wie man sich dann und wann fragt, ob ein bestimmter Bekannter Brillenträger ist oder nicht. Das ist zwar für mich selbst nach all meinen Erfahrungen noch immer verblüffend, aber ich bin davon überzeugt, dass es sich wirklich so verhält.

Ich habe im Zusammenhang mit »negroiden Merkmalen« davon gesprochen, dass der Mensch im allgemeinen das sieht, was er glaubt, zu sehen. Das stimmt natürlich auch im Positiven und bedeutet, wenn für jemanden andere meiner Eigenschaften, äußere wie charakterliche, wichtiger sind, dann wird er meine Hautfarbe auch kaum wahrnehmen.

Man findet aber nur einen Teil der Wahrheit heraus, wenn man die Gründe nur außerhalb seiner selbst sucht. Heute glaube ich, dass es kein Zufall war, dass ich nicht nach und nach, sondern von einem Jahr auf das andere auf Menschen gestoßen war, die mich wirklich mochten. Tatsächlich geschah es nicht ganz so sprunghaft, doch würde ich die Anzahl der wirklichen Freunde in einer statistischen Kurve darstellen, so beschriebe diese Kurve einen zunächst sehr langsam, dann aber immer steiler ansteigenden Bogen, eine Parabel.

Der Hauptgrund dafür lag in mir.

In meiner Jugend war ich selbst noch nicht reif genug gewesen, richtige Freunde zu haben – ich hatte ihnen keine Chance gegeben. Um dies genauer zu erklären, muss ich zunächst ein ähnliches Phänomen wie das »Gesetz der sich selbst bestätigenden Erwartungen« beschreiben. Wir Menschen reagieren nicht nur auf die Worte, die Gesten oder das offensichtliche Verhalten unserer Mitmenschen, sondern auch auf den Eindruck, den ein anderer in seiner Gesamtheit auf uns macht, auf etwas, was bei seinen Worten, Gesten, seinem Verhalten mitschwingt, etwas, das ich »Signale« nennen möchte. Diese Signale schwingen mit, wenn etwa ein souveräner Mensch vor eine Gruppe tritt und diese in seinen Bann zieht; sie treten aber auch auf, wenn ein schüchterner Mensch vor eine Gruppe tritt und diese sofort ablehnend reagiert. Es ist sogar so, dass die Reaktion der Gruppe als Feedback, als Rückkoppelung, vom Sprecher erfasst wird, was wiederum sein weiteres Verhalten beeinflusst, und so weiter. Jeder Mensch kann das Wissen darum auch für sich nutzen.

In meiner Kindheit und meiner Jugendzeit sandte ich – selbst wenn ich etwas Gegenteiliges sagte – noch zu viele Signale des Inhaltes »Ich misstraue dir!« aus. Auch wenn es den anderen nicht bewusst war, reagierten sie darauf und zwar – was nicht zu unterschätzen ist – stärker als auf meine Worte oder mein sonstiges Verhalten!

Erst als dieses Grundmisstrauen, das ich ja in meiner Kindheit aufgebaut hatte, nach und nach schwächer wurde, änderten sich auch die Signale, die ich aussandte, und meine Mitmenschen konnten mich mögen oder sogar lieben.

Merkwürdig finde ich allerdings, dass der Ansporn zu einer Änderung ausschließlich von mir kam. Eine Freundin fragte mich vor Kurzem: »Gab es denn eigentlich niemanden, der dich in deiner Jugend nach den Gründen für deine Zurückhaltung gefragt hat?« Ich musste lange nachdenken und mir fiel keine einzige Person ein. Zwar gab es die erwähnten Menschen, die die Mauer durchbrechen wollten, die ich um mich gebaut hatte. Ihnen aber ging es nur darum, dass ich mich öffnen und am gesellschaftlichen Leben teilnehmen sollte. Nach dem Grund, warum ich überhaupt die Mauer gebaut hatte, also nach den Erfahrungen, die ich mit meiner Hautfarbe gemacht hatte, fragten sie nie. Es scheint mir heute sogar so, als ob sie vermieden haben, darüber zu sprechen, so als ob sie einem Tabu–Thema ausweichen wollten, damit nicht etwas ans Tageslicht käme, womit sie nicht hätten umgehen können. So gaben sie sich wohl der Vorstellung hin, dass wenn man über etwas nicht spricht, dieses auch nicht existent ist. Wieder andere schienen mir zu sagen: »Thomas, ich betrachte dich als gleichwertigen Menschen. Was immer dir auch früher widerfahren ist, spielt jetzt keine Rolle mehr.« Diese Einstellung ignoriert jedoch völlig, dass jeder Mensch das Produkt seines bisherigen Lebens ist.

Etwas anderes hatte ich bereits in meiner Jugend fast instinktiv erkannt. Man muss sich selbst akzeptieren, um von anderen akzeptiert zu werden. Sich selbst akzeptieren aber heißt, seine eigene Identität zu finden. Diese Identität besaß ich in meiner Jugend noch nicht.

In den folgenden Jahren aber war ich diesem Ziel – wie anderen Zielen – näher gekommen.

Wie kann man dem Ziel »eigene Identität« näherkommen? Es gibt keinen universellen Weg dorthin. Jeder Mensch braucht eine ganz persönliche Identität, und dementsprechend muss auch jeder Mensch seinen ganz eigenen Weg beschreiten.

Mein Ziel war es, mich zu akzeptieren, wie ich war. Diese Selbstakzeptanz bezog sich vor allem auf meine Hautfarbe. Was meine sonstigen äußerlichen und geistigen Eigenschaften anging, war ich zufrieden mit mir. Aber der Mensch hat ja die Angewohnheit, bestimmte Kennzeichen, die objektiv betrachtet oft sogar nebensächlich sind, derart in den Vordergrund zu rücken, dass er sich im Extremfall nur noch über diese definiert. Das ist häufig von den Einschätzungen anderer Menschen abhängig. Wenn jemand immer wieder mit einem bestimmten Attribut konfrontiert wird, dann wird dieses unvermeidlich immer wichtiger in seinem Leben.

Ich musste also zweierlei tun: Erstens, dieses Attribut wieder herabstufen und damit andere Eigenschaften von mir höher bewerten, und zweitens, diesem Attribut eine positive Bewertung geben.

Im zweiten Fall halfen mir der Verstand und meine christliche Einstellung. Ich stellte mir die Frage, wieso die Hautfarbe mich eigentlich zu einem minderwertigen Wesen machen sollte. Sicherlich hatten mir viele hellhäutige Menschen mal mehr mal weniger offen zu verstehen gegeben, die Hautfarbe allein mache sie zu intelligenteren und leistungsfähigeren Menschen. Einige wenige hatten sogar irgendwelche wissenschaftlichen Erkenntnisse erwähnt. Ich sah jedoch in diesen Jahren – also gegen Ende meiner Realschulzeit und während meiner Zeit auf dem Gymnasium –, dass ich mich in Bezug auf meine Intelligenz und Leistung in nichts von ihnen unterschied, im Gegenteil: Gerade im Vergleich mit jenen, die derartige Meinungen vertraten, war ich immer der Bessere.

Und auch die Bibel teilte meine Auffassung, denn Jesus Christus, der in dieser Zeit eines meiner Vorbilder war, hatte nie einen Unterschied zwischen den Hautfarben gemacht. Er selbst war als Jude ja kein Europäer und den Aussagen der Bibel zufolge für alle Menschen auf die Welt gekommen.

Nicht alle Christen waren sich übrigens hinsichtlich dieser Auslegung einig. Ich erinnere mich noch an die Worte eines Missionars, der Gast in der Freien Evangelischen Gemeinde in Idar war und mich sofort auf einen gewissen Ham aus dem Alten Testament ansprach. Sem, Ham und Japhet waren die Söhne Noahs und somit zusammen mit ihren Frauen die einzigen Überlebenden der Sintflut. Überzeugte Christen teilen die Menschheit deshalb nach den Nachkommen der Söhne ein: Die Semiten (Asiaten), Japhetiten (Europäer) und die Hamiten (Afrikaner). Dieser Missionar vertrat die Auffassung, dass schon Ham ein Diener (sprich: Sklave) gewesen war und deshalb die »Neger« schon durch Festlegung der Bibel Sklaven seien. Eine derartige Äußerung in einer Zeit, in der ich selbst noch unsicher war, trug dazu bei, mein eigenes Selbstwertgefühl, das ich mir noch mühevoll aufbaute, wieder erheblich zu mindern.

Aber dann stieß ich auf Zeitungsartikel und sah Fernsehsendungen, die das Gegenteil sagten: Alle Menschen seien in ihren

Veranlagungen gleich. Schon die Einteilung in Rassen – was sich auf die in meinen Augen zweifelhaften Theorien des Charles Darwin zurückführen lässt und sich besonders seit der Nazizeit in den Köpfen einiger Menschen festgesetzt hat – sei wissenschaftlich betrachtet, falsch.

So konnte ich etwas später unserem Deutschlehrer am Gymnasium, Herrn Kress, Paroli bieten, als er uns Schülern weismachen wollte, alle Menschen hätten von Geburt an festgelegte intellektuelle »Potentiale«. Menschen mit hohem Potential würden demnach – sofern sie ihre Potentiale ausschöpften – immer intelligenter sein als Menschen mit geringerem Potential. Und dieses höhere Potential sei vererbt, wie er sich ausdrückte: zum Beispiel an Kinder aus Akademikerfamilien. Es war merkwürdig, dass Herrn Kress sehr daran gelegen zu sein schien, uns alle von dieser Auffassung zu überzeugen. Denn nachdem er diese Auffassung dargelegt und mit Schaubildchen an die Tafel gemalt hatte, sollten diejenigen den Arm heben, die ihm glaubten – etwas, was er vorher und auch später nie mehr getan hat. Etwa fünf Schüler waren jedoch anderer Meinung – darunter ich. Also legte Herr Kress noch mehr »Beweise« vor und erwähnte auch wieder wissenschaftliche Studien. Dann fragte er nochmals das Meinungsbild ab. Nun blieb niemand mehr übrig – außer mir! Auch das genügte ihm nicht. Er konzentrierte sich nunmehr auf mich und bearbeitete mich weiter, forderte mich auf, Gegenstudien zu benennen und meine Ansicht (»Jeder gesunde Mensch hat die gleichen Ausgangsvoraussetzungen«) zu beweisen. Das aber konnte ich nicht. Schließlich geschah etwas völlig Unerwartetes: Er lud mich ein, mich mit ihm privat zu treffen und darüber zu reden.

Menschenscheu wie ich damals noch war, ging ich nicht auf das Angebot ein – etwas, was ich heute bereue –, und so blieben unsere gegensätzlichen Standpunkte bestehen.

Aber ich stellte fest, dass ich wuchs. Mein eigenes Leben war der Beweis, dass Herr Kress unrecht hatte. Ich kam aus einer armen Familie, besuchte das Gymnasium und war mir sicher, dass ich noch über ein großes Potential verfügte; ich selbst war in der Lage, alles aus meinem Leben zu machen, was ich wollte – man konnte mich vielleicht *behindern*, aber meinen Aufstieg nicht *verhindern*.

Die oben erwähnte Episode mit Herrn Kress hatte ein kleines Nachspiel. Etwas später verkündete der Deutschlehrer vor Rückgabe einer Klassenarbeit, er habe festgestellt, dass einige Schüler nun die Grenzen ihres Potentials erreicht hätten. Ich hatte eine »Fünf« in dieser Arbeit – der Satz war also für mich bestimmt gewesen! Wiederum antwortete ich Herrn Kress nicht direkt, ich habe ihm durch mein späteres Leben geantwortet.

Ich kann weder diesen Behauptungen von Vererbung der Intelligenz oder irgendwelchen geistigen Potentialen noch den Ansichten über die Bedeutung von Milieueinflüssen, also der Abhängigkeit der Intelligenz von Umweltfaktoren, Glauben schenken. Ich hatte weder akademisch gebildete Eltern, noch gab es zu meiner Zeit irgendeine kompensatorische Förderung von Kindern, weder im Kindergarten, noch in der Schule. Selbst im Fernsehen wurden Sendungen wie »Sesamstraße«, die Benachteiligungen von Kindern aus unteren sozialen Schichten ausgleichen helfen sollten, erst eingeführt, als ich schon älter war, abgesehen davon, dass unsere Familie sowieso bis 1967 kein Fernsehgerät besaß.

Ich habe das, was ich erreichen wollte, trotzdem erreicht. »Trotzdem« bedeutet: trotz des Fehlens eines Vaters, trotz Armut, trotz nicht-akademischer Eltern, trotz dunkler Hautfarbe, trotz der Tatsache, dass mir niemand half, sondern ich im Gegenteil von einigen Menschen, in späteren Jahren von meiner eigenen Mutter, mal mehr mal weniger behindert wurde.

Und ich meine mit »dem, was ich erreichen wollte« nicht nur das Abitur und mein späteres Studium, auch nicht meine Beamtenlaufbahn, die mir schließlich sogar die Arbeitsstelle brachte, auf die ich hingearbeitet hatte, sondern auch das Wissen um all das, was mich die Schule nicht gelehrt hat und was ich heute sogar als das Wichtigere im Leben betrachte – vom Aufbau des Universums über die Schönheit der Literatur bis zum Zusammenleben der Menschen.

Immerhin: Die Schule hat mich gelehrt, diese Dinge selbst lernen zu können!

Äußerungen wie die meines Lehrers Kress haben mich übrigens – wie das Lachen der Schüler und der Lehrerin in der Volksschule – immer wieder angespornt, weiter zu machen und zu beweisen, dass ich mehr Fähigkeiten habe, als man mir zutraute.

Besonders wichtig aber war es, meiner Hautfarbe eine geringere Bedeutung zu geben und mich stattdessen auf andere Eigenschaften zu konzentrieren: Selbstbewusstsein, Lernen und Wissen, Selbständigkeit. Mir wurde klar, dass ich, indem ich diese Ziele weiter verfolgte und mich ihnen näherte, erreichen würde und dass diese Eigenschaften zugleich an Bedeutung zunahmen. Was ich jedoch noch nicht wusste, war, dass all dieses Wachsen auch dazu beitrug, mein Verhalten gegenüber meinen Mitmenschen zu verändern. Als ich die ersten Freunde gefunden hatte, machte ich mir keine Gedanken darüber, an wem oder woran dieser persönliche Erfolg liegen könnte. Ich wunderte mich nur.

Eines wusste ich jedoch: Ich hatte mich einigen meiner Ziele, die ich mir im Alter von 14, 15 Jahren gesteckt hatte, erheblich genähert. Sicherlich war ich noch nicht angekommen, aber ich war auf dem Weg – und ich besaß endlich genug Selbstakzeptanz, dass es möglich war, mich zu mögen oder sogar zu lieben. Aufgeben war mir nie in den Sinn gekommen, und mit einem Teilerfolg hätte ich mich auch nie zufrieden gegeben. Genauso denke ich auch heute noch nach vorne und bin damit beschäftigt, mich weiter zu entwickeln.

Noch nicht so ganz deutlich – aber Jahr für Jahr deutlicher werdend – kristallisierte sich schon damals ein Leitspruch für mein Leben heraus, der sich bisher auch immer bewahrheitet hat: Es gibt viele Wege nach Rom – oder zum Ziel. Schwierig ist es deshalb nicht, Rom zu erreichen, schwierig ist nur, sich auf den Weg zu machen – und durchzuhalten.

Die Stadt

In Idar-Oberstein ist es wie wahrscheinlich in jeder Kleinstadt: Wenn man zu der einen oder anderen Gemeinschaft oder Gruppe gehört, lernt man über die einzelnen Mitglieder wieder andere kennen, und schon nach kurzer Zeit schließen sich die Kreise und jeder meint, alle Bewohner der Stadt zu kennen. So ganz falsch ist dieser Eindruck nicht einmal, denn wenn der Name X fällt, so ist die Wahrscheinlichkeit, dass man zumindest jemanden kennt, der mit X sehr gut bekannt ist, ziemlich hoch.

Mir selbst ging es in den folgenden Jahren ebenso. Durch meinen Zivildienst, meine Ausbildung bei der Stadt Idar-Oberstein und durch die Jugendgruppen lernte ich immer mehr Menschen kennen. Ich fand auch Anschluss an die »Autorengruppe Obere Nahe«, wo sich Schreibende der Stadt und Umgebung zu Gesprächen trafen.

Leider ging der Kontakt zu Shirley nach und nach wieder verloren, aber ihr gebührt ein großer Dank, da sie mich zu Beginn meines Weges ein Stück weit begleitet hat.

Es folgten veränderungsreiche Jahre. Ich war nicht mehr der schüchterne, misstrauische Junge, sondern ein freundlicher junger Mann. Mit meiner Mutter und meinem Bruder fand ich nur noch selten einen gemeinsamen Gesprächsstoff. Das, was ich erlebte und empfand, interessierte sie immer weniger. Es gefiel ihnen auch nicht, dass ich so viele Freunde und Bekannte hatte.

Diese Freunde und Bekannte wurden meine neue Welt. Mit ihnen konnte ich über Literatur, über Berufe, über die Liebe sprechen, alles was mir wichtig war und meine Familie für belanglos und nebensächlich erachtete.

1983 begann ich meine Ausbildung zum Verwaltungsfachangestellten bei der Stadtverwaltung Idar-Oberstein. Eine Stelle, die die Mutter Christianes für mich ausfindig gemacht hatte.

In meiner Freizeit ging ich zu den Treffs bei Pfarrer Friedmann und zur Autorengruppe oder ich unternahm etwas mit der kleinen Clique, die sich bei Pfarrer Friedmann gefunden hatte. Daneben hatte ich noch lockeren Kontakt zur Evangelischen Gemeinde, mit einzelnen Leuten aus dem Wohnheim für Behinderte oder mit Familien aus dem Umfeld der Gemeinde.

Innerhalb der Stadtverwaltung traf ich wieder auf einige der »guten« Rassisten. Das sind diejenigen, die sich für tolerant und gerecht halten. Sie regen sich auf über Ausschreitungen gegen Ausländer, gehen zu Massenveranstaltungen, wo Lichter- und Menschenketten gebildet werden und unterschreiben jede Erklärung für Menschenrechte und gegen rechte Gewalt. Allerdings ändert sich ihre Einstellung grundlegend, wenn in ihre Nachbarschaft ein ausländisch aussehender Mensch zieht oder wenn ein Afrikaner den Job bekommt, den sie gerne gehabt hätten.

Die Erfahrungen, die ich bis dahin gemacht hatte, hatten mich sensibilisiert, derartige Menschen zu erkennen.

Es ist zum Beispiel möglich, anhand beiläufiger Äußerungen auf grundlegende Einstellungen der betreffenden Person zu schließen.

»Afrikaner sind auch Menschen wie wir!«

Dieser auf den ersten Blick tolerant klingende Satz offenbart Arroganz und Intoleranz. Der Sprecher wähnt sich offensichtlich in der Rolle, beurteilen zu können, ob jemand auch ein Mensch ist wie er – oder wie sein Volk. Das heißt: Es ist für ihn zunächst einmal selbstverständlich, dass er ein Mensch ist. Darüber hinaus glaubt er, das Recht zu haben, festzustellen, ob andere das auch sind. Und nicht nur das, er maßt sich auch das Recht an, diese anderen nun auf die Stufe »Mensch« zu heben, wie etwa ein Chef das Recht beansprucht, Untergebene zu befördern. Das erinnert mich immer an die Rolle der Kolonialherren, die sich allein für befähigt hielten, andere Völker als Menschen oder als »Wilde« zu bezeichnen.

Wie anmaßend dieser Satz ist, stellt man erst fest, wenn man sich vorstellt, ein Afrikaner würde diesen Satz über die Deutschen sagen: »Die Deutschen sind auch Menschen wie wir!« Fast jeder Deutsche hätte ein ungutes Gefühl dabei, diesen Satz zu vernehmen.

Das war es auch, was mich an einigen der sogenannten »Christen« der Freien Evangelischen Gemeinde störte: Sie machten immer wieder durch ähnliche, oft gut gemeinte Bemerkungen deutlich, dass sie als Christen oder eben auch als Deutsche das Recht beanspruchten, andere zu beurteilen und auch zu verurteilen. Längst hatten sie die Worte Jesu »Richtet nicht, damit ihr nicht gerichtet werdet.« *(Matthäus 7, 1)* oder auch von Paulus »Darum, oh Mensch, kannst du dich nicht entschuldigen, wer du auch bist, der du richtest.« *(Römer 2,1)* vergessen oder für ihr Leben als unwichtig abgetan.

»*Ich bin nicht Ihrer Meinung... /Ich bestrafe Sie jetzt ..., aber das ist nicht wegen Ihrer Hautfarbe!*«

Warum betont der Sprecher, dass das seine Worte nichts mit meiner Hautfarbe zu tun haben? Warum denkt er überhaupt in diesem Zusammenhang daran? Ein derartiger Nachsatz ist ein untrügliches Indiz dafür, dass es sich gerade so verhält: Die Bestrafung, die Gegenmeinung, was auch immer, ist einzig und allein in meiner Hautfarbe begründet. Alle Menschen, die nichts gegen meine Hautfarbe haben, haben es nicht nötig, dies zu betonen.

»*Ich habe einen Freund, der Inder ist!*«

Genauso wenig spielt es eine Rolle, ob der Sprecher einen Freund hat, der Inder ist. Wenn er diese Tatsache völlig unpassend erwähnt, dann muss er sich aus irgendeinem Grund rechtfertigen. Was aber ist der Grund? Er versucht, eigene Intoleranz und Rassismus dadurch zu verschleiern!

»*Sie sind ja gar nicht so dunkel!*«

Welchen Unterschied macht die jeweilige Färbung der Haut? Es gibt allerdings Menschen – ich denke sogar, dass es die Mehrheit ist – die eine Rangfolge in der Wertigkeit konstruieren, von ganz dunkel bis ganz hell. Mich macht ein solcher Satz, der mich zwar in meiner Einstufung heben soll, darauf aufmerksam, dass der Sprecher eine solche Rangfolge in seinem Kopf hat. Und wer solche Einstufungen vornimmt, der ist Rassist und mag er sich selbst auch noch so tolerant einschätzen.

»*Das haben Sie aber sehr gut gemacht!*«

Das ist die wohl positivste Bemerkung, aus der unverkennbar rassistische – oft auch frauenfeindliche – Vorurteile herauszulesen sind. Natürlich muss man hier – wie auch bei den anderen genannten Sätzen – die Situation, in der der Satz ausgesprochen wird, mit einbeziehen. Er ist dann rassistisch, wenn der Sprecher ihn gegenüber einem hellhäutigen Menschen nicht geäußert hätte, also beispielsweise, wenn man eine einfache Sache richtig erledigt hat. Ich habe diesen Satz während meiner Ausbildung zum Verwaltungsfachangestellten häufig gehört. Und wie oft habe ich die Überraschung in den Gesichtern der Vorgesetzten gelesen: Sieh mal an, der Schwarze kann das!

Diese Art von Rassismus ist nicht böse gemeint, sie sitzt einfach in den Denkstrukturen der betreffenden Menschen. Einem Deutschen, wie ungebildet er auch sein mag, trauen sie mehr zu als einem Ausländer oder einem Dunkelhäutigen. Ich möchte hier nicht den Eindruck erwecken, dass diese Menschen schlecht oder böse sind, im Gegenteil: Meistens geben sie sich ehrlich gemeinte Mühe, tolerant und gerecht zu sein. Wahrscheinlich denken sie aber nicht daran, dass jeder Mensch – auch ein Dunkelhäutiger oder Ausländer! – Vorurteile hat, das ist eine menschliche Eigenschaft; einen Unterschied macht nur, wie man mit diesen Vorurteilen umgeht: Weiß man überhaupt davon? Gibt man auch nach zehn negativen Erfahrungen mit einem Afrikaner dem Elften noch eine Chance?

Bösmeinende Fremdenfeindlichkeit ist mir an der Stadtverwaltung Idar-Oberstein nicht begegnet. Es kam auch nie zu einer offenen rassistischen Äußerung, wie überhaupt – auch im Alltagsleben – derartige offene Äußerungen mir gegenüber mit zunehmendem Alter nachgelassen haben. Unverhohlen reden in dieser Beziehung sowieso nur einfältige Menschen. Die intellektuelleren gehen subtiler vor. Wenn man die oben genannten Bemerkungen nicht zur Deutung hinzunimmt, erwecken die Gebildeten für einen Außenstehenden oft den Eindruck eines toleranten Menschenfreundes.

Neben meiner Ausbildung besuchte ich die Berufsschule in Bad Kreuznach, einem Ort, der etwa 50 Kilometer von Idar-Oberstein entfernt liegt. In meine Klasse gingen Verwaltungsauszubildende aus einem großen Einzugsgebiet: von der saarländischen Landesgrenze bis vor die Tore von Mainz. Auch hier und überhaupt in der gesamten Schule war ich wieder einmal – wie ich auf dem Pausenhof feststellte – der einzige dunkelhäutige Mensch.

Mit meinem Abitur hätte ich sofort eine höhere Laufbahn einschlagen können, z. B. die des gehobenen Beamtendienstes, aber an der Stadtverwaltung Idar-Oberstein war dies nicht üblich. Hier war gewollt, dass die Beamten zunächst einige Zeit als Angestellte arbeiteten, bevor man sie auf die Beamtenschule ließ. Da diese höhere Ausbildung auf Kosten der Stadt erfolgte, wollte sie auch eine umfassende Kontrolle darüber haben.

So war es keine Besonderheit, dass die Auszubildenden der Stadt Idar-Oberstein die Besten an der Berufsschule waren. Auch bei mir und Bernd, der mit mir die Ausbildung begonnen hatte, verhielt es sich von Anfang an so.

Und wie in der Gruppe von Pfarrer Friedmann genoss ich auch in der Klasse ein hohes Ansehen und wurde bald zum Klassensprecher gewählt.

Unter den Lehrern hatte ich ebenfalls einen guten Ruf; einer von ihnen brachte es nicht übers Herz, mir in einem seiner Fächer auch nur die Note Zwei zu geben, wobei ich sagen muss, dass für mich nach wie vor selbstverständlich auch eine Zwei eine wünschenswerte und tolle Note ist. Ich stellte nun erst fest, wie es sich bei jenen Schülerinnen und Schülern auf der Realschule und auf dem Gymnasium verhalten hatte, die immer nur die besten Noten bekamen. Hatte jemand erst einmal den Ruf, sehr gut zu sein, dann tat das »Gesetz der sich selbst bestätigenden Erwartungen« auch hier seine Wirkung: Der Lehrer erwartete exzellente Leistungen und »erkannte« diese dann auch bei allen Tests und Bewertungen! Diese Schülerinnen und Schüler wurden dann auch immer wieder von vornherein mit einem unsichtbaren Bonus versehen.

So erging es auch mir hier an der Berufsschule: Ich hatte es fertig gebracht, bei einem oder zwei Lehrern einen guten Eindruck zu machen. Nach und nach waren aber alle meine Lehrer an der Berufsschule derselben Meinung. Ich konnte in einigen Fächern – im Fach Geschichte habe ich das sogar einmal ausprobiert – schreiben, was ich wollte, ich bekam meine Eins. In den drei Berufschuljahren wurden meine Zeugnisse immer besser, vom Notendurchschnitt 1,4 über 1,3 auf 1,2. Und das nicht, weil meine Leistungen besser wurden, sondern mein Image.

Obwohl ich den Bluff erkannte, wehrte ich mich nicht dagegen. War ich nicht jahrelang an der Realschule und auf dem Gymnasium der Leidtragende gewesen? Würde sich etwas ändern, wenn ich dagegen rebellierte? Würde ich nicht einzig und allein mir selbst schaden?

Also lachte ich mir ins Fäustchen, nahm die guten Noten entgegen und ergötzte mich daran, dass mich meine Mitschülerinnen und Mitschüler für einen besonders schlauen Burschen hielten.

Auf meine Berufschulzeit blicke ich heute mit viel Freude zurück. Da man mich für so gut hielt, brauchte ich kaum zu lernen. Es war aber auch so, dass der Lehrer Kraus aus der Realschule Recht behalten hatte, als er uns Schülern anfangs der 8. Klasse erklärt hatte: »Was ihr jetzt lernt, sind die Grundlagen, auf denen sich alles spätere Wissen aufbaut. Wenn ihr jetzt alles versteht, dann wird selbst das Abitur und ein Studium für euch kein Problem mehr!« Ich hatte das Glück, dass diese Äußerung in die Zeit fiel, in der ich mir vorgenommen hatte, Wissen aufzubauen und ich deshalb besonders viel büffelte. So half mir das, was ich mir in diesen Jahren aneignete, während meiner Realschulzeit, meines Abiturs, meiner Berufsschuljahre und meines Studiums des Verwaltungswirtes während meiner Ausbildung zum Beamten. Es konnte mir aber auch nur helfen, weil ich anders als der Großteil meiner Mitschüler lernte. Ich paukte nicht einfach, ich wollte jeden Stoff auch verstehen.

Ein weiterer Vorteil war der, dass ich mir mehr Freiheiten erlauben durfte als die anderen Schüler. In Wirklichkeit war es so, dass die anderen sich diese Freiheiten auch hätten erlauben dürfen, es aber nicht wagten. Ich hatte jedoch wegen meiner guten Noten Rückendeckung und traute mich, mit den Lehrern zu diskutieren und gewagte Thesen aufzustellen: In einem Fall gelang es mir sogar, eine eigene Theorie, die eigentlich nichts mit dem Fach – Wirtschaftslehre – zu tun hatte, vorzutragen.

Obwohl ich kein aufmüpfiger und frecher Schüler war, bereitete es mir kein Kopfzerbrechen, wenn ich einmal nicht pünktlich nach den Pausen wieder im Klassenraum erschien. Mitunter ergaben sich daraus auch lustige Situationen, etwa an dem Tag, an dem wir eine Klausur schrieben und ich nach Rückkehr aus der Pause vor einem verschlossenen Klassenzimmer stand. Eine hübsche Lehrerin kam vorbei und machte mich darauf aufmerksam, dass die Klassenarbeit im Filmsaal im Keller geschrieben wurde. Also ging ich in den Keller, wo der Lehrer für Wirtschaftslehre bereits dabei war, die Fragen zu diktieren. Ziemlich nervös bedeutete er mir, mich hinzusetzen, aber ich hatte ja noch meinen Koffer mit meinen Schreibutensilien im Klassenraum. Er gab mir den Schlüssel, und ich ging ohne Hast noch einmal nach oben, nahm meinen Koffer und tauchte wieder im Filmsaal auf. Inzwischen hatte ich rund 15 Minuten verloren, nahm mir die Fragen vor und war unter den Ersten, die die Arbeit abgaben. Ein paar Tage später stellte sich heraus, dass ich der Einzige war, der eine Eins geschrieben hatte.

Ein anderer Dozent dagegen wollte eine ähnliche Situation nutzen, um mich endlich einmal in die Schranken weisen zu können. Dieser Mann war einer vom alten Schlag, der noch in die Schule des Nationalsozialismus gegangen war. Wir hatten ihn nur während eines Halbjahres und auch nur in einem Seminar, das in einem anderen Haus stattfand. Schon am ersten Tag kam er nach seiner Vorstellung spontan auf mich zu und baute sich vor mir auf.

»Was sind Sie denn für einer?«

Ich habe zwar noch so etwas wie »Ein Mensch!« geantwortet, doch von da an waren die Fronten zwischen uns klar: Er brauchte einen Grund, mich attackieren zu können, und ich nahm ihn als Dozenten nicht mehr ernst.

Bereits ein paar Tage später schien seine Chance gekommen. Wieder einmal erschien ich ein paar Minuten zu spät im Unterricht, und ging auf meinen Platz zu. Er kam sofort hinter mir her, und noch ehe ich Zeit hatte, meine Jacke auszuziehen und mich zu setzen, fuhr er mich an: »Wo kommen Sie denn jetzt her?«

»Aus der Mittagspause.«

»Und warum kommen Sie so spät?«

»Es war viel Verkehr in der Stadt, und die paar Minuten reichten nicht aus, um in die Stadt zu fahren, zu essen und wieder zurück zu kommen.«

Tatsächlich war es so, dass man in der Umgebung der Schule, in der dieses Seminar stattfand, nichts Essbares finden konnte.

Da ich ruhig blieb, wurde er immer wütender.

»Und da kommen Sie so einfach zurück und setzen sich hin, ohne sich zu entschuldigen?!«

»Immer mit der Ruhe! Ich sitze ja noch gar nicht!«

Die gesamte Klasse gröhlte vor Lachen, und er fand nichts mehr, was er darauf erwidern sollte. Er drehte sich um und kehrte zu seinem Pult zurück. Mir war klar, dass es ihm gar nicht um die Sache gegangen war, sondern darum, mich endlich angreifen zu können. Meine Klassenkameraden stimmten mir zu. In späteren Gesprächen stellte sich heraus, dass ihnen mein Verhalten gefallen, ja mitunter sogar imponiert hatte und auch sie die Abneigung des Lehrers mir gegenüber deutlich gespürt hatten. Wie in der Gruppe von Pfarrer Friedmann stellte ich auch hier fest, dass ich zu einem Vorbild geworden war und anderen Menschen meine Meinung, meine Sichtweise der Welt wichtig war. Noch konnte ich damit nicht richtig umgehen, weil ich diese für die anderen so interessanten Meinungen und Erfahrungen selbst noch nicht intensiv durchdacht hatte. Aber ich konnte wenigstens wieder einmal feststellen, dass ich mich in die für mich richtige Richtung entwickelte.

Dass ich so viel Rückhalt aus der Klasse bekam, beschäftigte mich noch aus einem anderen Grund. Bei diesen Schülerinnen und Schülern war meine Hautfarbe bei weitem nicht so selbstverständlich wie in der Gruppe von Pfarrer Friedmann. Verletzende Äußerungen in Form von Witzen oder Anspielungen waren zwar nicht an der Tagesordnung, aber auch nicht selten. Gerade diejenigen, die aus den dörflichen Gegenden um Bad Kreuznach oder Idar-Oberstein kamen, meinten, ihren billigen Spaß bei mir anbringen zu können. Aber erstens steckt in mancher als Humor getarnten Äußerung auch viel von der Denkweise des Erzählenden, und zweitens sind mir die diversen Ausdrücke für dunkelhäutige Menschen seit meiner Kindheit so verhasst und wecken so viele unangenehme Gefühle, dass sie mich noch immer tief zu verletzen vermögen.

Wenn man mich fragen würde, in welche Kategorie Mensch ich nun diese Schülerinnen und Schüler einordnen würde, so könnte ich darauf nicht zufriedenstellend antworten. Ich habe zwar von Menschen gesprochen, die bösemeinende Rassisten sind und von gutmeinenden, aber die Übergänge sind fließend. Es mag zwar wie eine Floskel klingen, doch die Menschen sind einzigartig, sie sind Individuen. Man kommt nicht weit, wenn man sie in Kategorien einteilt und Gruppenzugehörigkeiten zu definieren versucht. In meinem Leben habe ich nach und nach erkannt, dass ich nur Probleme mit den Menschen hatte, die mich in irgendeine Schublade einordneten, ohne mich als Menschen wirklich zu kennen. Genauso muss auch ich mich hüten, irgend jemanden in eine Schublade zu schieben.

Ich würde mich zwar heute nicht als Humanisten bezeichnen, aber ich weiß, dass mich das Leben sensibilisiert hat, jeden Menschen individuell zu sehen und mit jedem Menschen individuell umzugehen. Und das ist zugleich das Geheimnis manches Erfolges.

Dies ist auch ein weiterer Grund, warum ich Massenveranstaltungen – zu welchem Thema auch immer – ablehne: In der Masse sind alle Menschen gleich, keiner wird herausgehoben, keiner aber auch direkt angesprochen. In der Masse tauchen Menschen als Einzelpersonen unter und lassen sich so im Guten wie im Schlechten leichter manipulieren.

Weichenstellungen fürs Leben

In der kleinen Gruppe, die sich bei Pfarrer Friedmann gebildet hatte, war auch Marlene. Sie sah ebenfalls von Anfang an den Menschen in mir und nicht den Dunkelhäutigen. Wir verliebten uns ineinander und trafen uns von da an immer häufiger auch außerhalb der festen Gruppe.

Es gab zu Beginn ähnliche Schwierigkeiten wie bei Christiane: Wir versteckten uns. Doch diesmal geschah alles in stark abgeschwächter Form. Zum einen, weil ich auf Grund meiner bisherigen Erfahrungen ahnte, dass es keine Schwierigkeiten bei einem Bekanntwerden unserer Partnerschaft geben würde. Zum anderen, weil Marlene jünger als Christiane – und auch als ich – war und vieles noch mit jugendlicher Unbekümmertheit sah.

Marlenes Elternhaus und ihre Vorgeschichte hatten eine Geradlinigkeit, die mir aus eigener Erfahrung fremd war; sie hatte Mutter und Vater, zwei Brüder, und ihre Großeltern väterlicherseits lebten ebenfalls noch im gleichen Haus. Gewiss waren mir über Christianes Familie auch »normale« Verhältnisse bekannt, aber hier war es etwas deutlicher und für einen Außenstehenden leichter einsehbar. Für Marlene schien ein geordnetes Leben mit all seinen traditionellen und manchmal auf mich geradezu konservativ wirkenden Gewohnheiten, wie Weihnachten mit der Familie zu erleben, Geburtstage zu feiern, einem Verein anzugehören, die Nachbarn zu kennen, in Urlaub zu fahren, und so weiter, ganz selbstverständlich zu sein, während ich von all dem kaum mehr als einen unbedeutenden – und teilweise sogar noch ungewöhnlichen und daher unbrauchbaren – Ansatz erfahren hatte.

Gegensätze ziehen sich an – so sagt man. Und wir waren in mancherlei Beziehung gegensätzlich: Marlene kam aus geordneten Verhältnissen, hatte einen geradlinigen gesellschaftlichen Weg beschritten, war hellhäutig und klein. Ich kam aus chaotischen, armen Verhältnissen, hatte mich mühsam an die Gesellschaft herangetastet, war dunkelhäutig und groß.

Aber all diese Gegensätze trugen jeweils auf ihre besondere Art und Weise dazu bei, uns zu verbinden. Wir wuchsen gemeinsam. Marlene lernte mein Leben kennen und ich ihres.

Sie war seit dieser Zeit an meiner Seite und nahm sowohl an den schönen als auch an den weniger schönen Ereignissen in meinem Leben teil. Da ich immer noch an mir arbeitete, hatte ich durch Marlene fortan eine sehr hilfreiche Stütze. Wenn ich wieder einmal hinter einem harmlosen Witz oder einer unüberlegten Handlung eines Menschen eine Diskriminierung witterte, war sie es, die mich auf den Boden zurückholte und mir half, die Dinge im rechten Licht zu sehen. Andererseits hatte sie aber auch Verständnis für meine Einschätzungen und meinen manchmal unberechtigt aufkommenden Zorn. Denn Diskriminierung hat eine objektive und eine subjektive Seite. Auch eine an sich neutrale Handlung oder Äußerung kann von einem anderen Menschen als diskriminierend empfunden werden. Den Handelnden trifft zwar in einem solchen Falle keine Schuld, gleichwohl war sein Tun für die andere Seite verletzend. Das Gefühl, das bei einem Menschen erzeugt wurde, sollte nicht als unbedeutend oder der Mensch gar als »mimosenhaft« oder »empfindlich« bezeichnet werden; im Umgang mit Menschen, die oft intolerant behandelt werden, ist meiner Meinung nach ein etwas sensiblerer Umgang angebracht.

Ich brauche kaum zu erwähnen, dass ich schon bald in Marlenes Familie wie ein dritter Sohn behandelt wurde und mich dort sehr wohlfühlte.

Marlene begann eine Ausbildung zur Erzieherin und besuchte eine Schule in Bad Kreuznach. Wir hatten Glück, dass ihr Unterricht in der gleichen Stadt stattfand, in der auch ich zur Berufsschule ging. So konnten wir uns dort sehen und gemeinsam einiges unternehmen, wenn auch nur in beschränktem Maße, weil unsere beiden Kassen nicht sehr viel hergaben.

Meine Ausbildung war 1986 zu Ende, und die Stadt Idar-Oberstein beschäftigte mich noch ein Jahr lang mit einem Zeitvertrag als Verwaltungsangestellten. Mir und meinem Ausbildungskollegen wurde mitgeteilt, dass keine Verlängerung oder gar Festanstellung möglich sei, da es keine Stellen gäbe. Tatsächlich war es jedoch so, dass nach Ablauf dieses Jahres nur ich gehen musste. Mein Kollege Bernd, der eine schlechtere Abschlussprüfung als ich gemacht hatte, konnte bei der Stadt bleiben.

Schon gegen Ende der Ausbildungszeit stellte ich fest, dass er sich große Mühe gab, besser als ich zu sein und sich über jede Note, die unter meiner lag, ärgerte. Zur Abschlussprüfung paukte er ungewöhnlich hart. Dann teilte mir eine Person aus dem Personalrat vertraulich mit, dass ich mich anstrengen solle, denn er habe gehört, man plane Bernd zu übernehmen, mich jedoch nicht. Wenn ich eine schlechtere Prüfung absolvieren würde, könne man dies als Begründung nehmen, etwa in dem Sinne: Leider haben wir nur eine Stelle, und dann nehmen wir natürlich den mit der besseren Prüfung.

Aber auch ohne besondere Anstrengungen gelang mir die beste Prüfung unserer Klasse, und ich bekam sogar von der Berufsschule eine besondere Auszeichnung in Form eines Buches, da ich unter den besten zehn des gesamten Schuljahres gewesen war.

Es nützte nichts. Mir half auch nicht, dass sich eine liebenswerte Kollegin anbot, ihre Stelle mit mir zu teilen. Ich wollte zwar eine volle Stelle, nahm aber ihr Angebot an. Das Personalamt lehnte jedoch ab.

Wie schon so oft in meiner Kindheit und Jugend fühlte ich mich auch jetzt wieder ohnmächtig gegen die Machtpositionen und die Möglichkeiten derer, die mich – aus welchem Grund auch immer – nicht wollten. Man nannte mir ja keinen Grund, im Gegenteil man belog mich, als man mir sagte, für beide Auszubildenden gäbe es keine Planstellen. Aber ich konnte nichts dagegen tun, musste gute Miene zum bösen Spiel machen. In Wirklichkeit war ich niedergeschlagen und enttäuscht.

Es wird sicher niemanden verwundern, dass sich angesichts der merkwürdigen Begebenheiten in mir der Gedanke festsetzte, diskriminiert zu werden. Ich hatte jedoch das Gefühl, dass hier weniger meine Hautfarbe ausschlaggebend war, sondern meine Herkunft, die innerhalb der Stadtverwaltung bekannt war.

Ich stand wieder am Anfang. Zwar besaß ich eine Ausbildung, aber die war so speziell, dass ich nur in einer Behörde arbeiten konnte. Meine Mutter konnte mir weder eine finanzielle Absicherung bieten, noch war sie imstande, mich moralisch zu unterstützen. Die Freunde, die ich inzwischen hatte, waren nicht einflussreich; sie hatten keine Möglichkeit, mir auf irgendeine Weise zu helfen.

Trotzdem verlor ich mein Ziel nicht aus den Augen.

Ich ahnte noch nicht, dass gerade diese Ablehnung meinen beruflichen Weg in eine weitaus bessere und schönere Richtung lenken würde. Später habe ich in diesem Zusammenhang noch oft an die Worte aus dem 1. Buch Mose, Kapitel 50, Vers 20 denken müssen: »Ihr gedachtet es böse mit mir zu machen, aber Gott gedachte es gut zu machen.«

Und in einem amerikanischen Lied heißt es:

»Be thankful for your problem
It's a gift in disguise
It's your chance to change
Opportunity

It's your chance to change
Your opportunity«

Sei dankbar, dass du ein Problem hast
Es ist ein verstecktes Geschenk
Es ist deine Chance, etwas zu verändern
Eine Gelegenheit
Es ist deine Chance, etwas zu verändern
Deine Gelegenheit

Dies alles jedoch noch nicht ahnend, musste ich mich wieder einmal alleine durch das Dickicht arbeiten, in dem es keinen Weg zu geben schien, hinter dem aber mein Ziel irgendwo verborgen lag.

Da ich in den letzten Monaten des Zeitvertragsjahres schon wusste, dass ich keine Chance auf eine Stelle innerhalb der Stadtverwaltung Idar-Oberstein hatte, begann ich mich zu bewerben, zunächst nur auf Verwaltungen in oder in der Nähe von Idar-Oberstein. Trotz aller Erlebnisse wollte ich nach Möglichkeit in Idar-Oberstein bleiben. Hier hatte ich inzwischen viele Freunde, hier kannte ich mich aus, hier lebte meine Freundin.

Doch ich hatte kein Glück, und so blieb mir nichts anderes übrig als mich auch weiter weg umzuschauen. Ich bewarb mich in Großstädten wie Berlin, Hamburg, München und Frankfurt am Main, weil mir – wenn ich schon fortziehen müsste – eine Großstadt lieber gewesen wäre.

Frankfurt am Main und München waren die einzigen Städte, aus denen eine positive Antwort kam. Ich nahm mit Frankfurt am Main Kontakt auf, und mir wurde mitgeteilt, dass man mich mit einer Bezahlung von BAT 7 einstellen könnte. BAT 7 lag um zwei Gehaltsstufen höher als mein Lohn bei der Stadt Idar-Oberstein.

Ich kannte Frankfurt kaum, als ich mich im Sommer 1987 zum Vorstellungsgespräch dorthin begab. Ein-, zweimal hatte ich die Stadt von Mainz aus besucht, aber nie richtig kennen gelernt.

Die beiden Männer, die mich empfingen, lobten die Stadt in großen Tönen und beschrieben auch meine Arbeit auf dem Einwohnermeldeamt als sehr interessant, so dass ich mich schließlich freute, dort leben und arbeiten zu können.

Marlene überlegte nicht lange, sie hatte ihre Ausbildung zur Erzieherin erfolgreich abgeschlossen und wollte mich auf jeden Fall nach Frankfurt begleiten. Ein Entschluss der damals Zwanzigjährigen, die immer bei ihren Eltern gewohnt hatte, den ich noch heute bewundere. Sie hätte in Idar-Oberstein sofort eine Arbeitsstelle gehabt.

Fehlte nur noch eine Wohnung. Marlene und ich gingen mit der Naivität von Kleinstädtern an die Wohnungssuche: Wir inserierten in einem Frankfurter Anzeigenblatt und legten uns einen Block griffbereit neben das Telefon, um die vielen Angebote sofort notieren zu können. Inzwischen überlegten wir uns, dass wir nur eine Wohnung in einem Hochhaus nehmen wollten, die auf keinen Fall über 700 DM Miete kosten durfte.

Es kam ein einziger Anruf. Eine junge Frau suchte dringend einen Nachmieter für eine Wohnung in Dietzenbach, einem Ort, ungefähr zwanzig Kilometer südlich von Frankfurt.

Marlenes Bruder fuhr uns dorthin. In der Aufregung hatten wir vergessen, danach zu fragen, ob es sich um eine Hochhauswohnung handelte.

Die Frau wartete schon sehnsüchtig auf uns. Sie hatte den Mietvertrag abgeschlossen, die Wohnung dann aber nicht benötigt. Um aus dem Vertrag heraus zu können, brauchte sie jedoch einen Nachmieter.

Wir waren hocherfreut, dass es sich tatsächlich um eine Wohnung in einem Hochhaus handelte. Die Bushaltestelle, von der der Bus nach Frankfurt abfuhr, lag direkt vor der Tür. Und die Miete sollte haargenau 700 DM betragen.

Wir begleiteten die Frau sofort zu einer Telefonzelle, wo wir den Vermieter anriefen und für die Wohnung zusagten.

Erst später erfuhren wir von der Wohnungsnot, die zu dieser Zeit in Frankfurt herrschte. Wie die Leute Schlange standen, um die Wochenendausgaben der Tageszeitungen so schnell wie möglich zu ergattern; wie sie sich sofort in die Telefonhäuschen stürzten und blind zusagten. Wir hatten in unserer Naivität unglaubliches Glück gehabt.

In der Folgezeit, bis auch Marlene am Ende des Jahres eine Stelle als Erzieherin bei der Stadt Dietzenbach fand, brauchten wir die letzten Reste unserer Ersparnisse auf, hielten uns aber über Wasser. Ich stellte fest, dass ich mit BAT 7 für die Verhältnisse im Rhein-Main-Gebiet recht wenig verdiente und allein die Busfahrten von und nach Frankfurt mehr als 100 DM im Monat kosteten.

Meine erste Arbeitsstelle in Frankfurt am Main war die Meldestelle Gallus, eine Außenstation des Einwohnermeldeamtes. Im Gebiet, für das diese Meldestelle zuständig war, waren ungefähr 70 Prozent der Bewohner Ausländer.

Neubeginn in einer multikulturellen Stadt

Die Stadt Idar-Oberstein und die Mehrzahl der dort lebenden Menschen war mir immer fremd geblieben. Vielleicht, weil ich für die Stadt auch fremd geblieben war. Dennoch hatte ich nach und nach zwischen all den Fremden auch viele Freunde und Bekannte gefunden, die ich nun in der Stadt zurücklassen musste. In Dietzenbach und Frankfurt am Main aber kannte ich keinen einzigen Menschen. Marlene ging es ebenso.

Mit der Zeit fiel uns beiden jedoch der Verlust von Menschen und vertrauter Umgebung nicht mehr schwer. Aus der Entfernung von Zeit und Ort erkannten wir die Eingeengtheit, in der wir uns befunden hatten. Das Leben in Idar-Oberstein schien sich auf vier, vielleicht fünf Aspekte reduziert zu haben: Familie, Arbeit, Freundeskreise und einige Freizeittätigkeiten, welche aber auch nicht durch übermäßige Vielfalt glänzten. Die Gespräche wiederholten sich – sowohl nach Inhalt, als auch nach Sprache und Redewendungen. Neues, Interessantes – so kam es uns hinterher vor – brachten nur die Zugezogenen oder die, die sich oft an weiter entfernten Orten aufhielten.

Die »kleine Welt«, wie ich sie nannte, drückte sich durch so vieles aus: durch Wichtigkeiten, die für mich nebensächlich waren, wie etwa die Charaktere oder das Aussehen bestimmter Menschen, die angeblichen oder wirklichen Probleme unter den

Nachbarn, die Verwandtschaftsverhältnisse bekannter Familien, die Treffen mit Freunden oder das Wetter.

In Dietzenbach war es anders als in Idar-Oberstein. Auch dort gab es Gespräche der eben geschilderten Art, aber durch den Reichtum an Personen aus den unterschiedlichsten Kulturen und aus den unterschiedlichsten Gegenden Deutschlands und der Welt, war auch der Themenkreis der Unterhaltungen größer. Dietzenbachs Einwohnerzahlen waren in den Jahren vor und kurz nach unserem Umzug sprunghaft angestiegen. Der Ausländeranteil lag bei etwa 30 Prozent.

Im Gegensatz zu Idar-Oberstein war es hier aber auch weitaus schwieriger, Menschen kennen zu lernen, einen Freundeskreis aufzubauen. Erschwerend kam hinzu, dass es in Dietzenbach wenig Arbeitsplätze gibt und die meisten Berufstätigen nach Frankfurt oder Offenbach fahren und sich deshalb notgedrungen auch nach dort orientieren. Ein Umstand, der dadurch begünstigt wird, dass es in Dietzenbach wenig Freizeiteinrichtungen gibt: kein Kino, keine Discothek, keine kulturelle Einrichtung, mit Ausnahme eines Bürgerhauses, in dem ab und zu Veranstaltungen stattfinden, und dem nur im Sommer geöffneten Waldschwimmbad.

Meine ersten neuen Bekannten waren deshalb meine Arbeitskolleginnen auf der Meldestelle und Arbeitskollegen im Ordnungsamt, an welches das Gebäude der Meldestelle angebaut war.

Etwas Besonderes waren die Ausländer, die die Meldestelle aufsuchten, um ihre Aufenthaltserlaubnis zu beantragen oder zu verlängern und die sehr oft eine sogenannte »Aufenthaltsbescheinigung« brauchten, da sie keinen Personalausweis besaßen, in dem ihre Adresse eingetragen war. Sie wandten sich überwiegend an mich – teilweise selbst, wenn andere Schalter frei waren –, weil sie sich von mir verstanden fühlten. Meine Hautfarbe wurde zum ersten Male zu einer positiven Eigenschaft, und ich überlegte, ob sie nicht auch ein mitentscheidendes Kriterium bei der Einstellung, oder zumindest bei der Entscheidung, mich ausgerechnet dieser Meldestelle zuzuteilen, gewesen war.

Die meisten Ausländer – und übrigens auch viele Deutsche – hielten mich nicht von vornherein für einen Schwarzafrikaner oder Amerikaner, wie es noch so gut wie alle Idar-Obersteiner getan hatten. Meine »negroiden Merkmale«, die mein Schulfreund Joachim so selbstverständlich festgestellt hatte, wurden hier offenbar nicht wahrgenommen. Das war es dann auch, das mich zur Erkenntnis brachte, dass diese »Merkmale« etwas sind, was die Menschen erkennen, wenn sie eben hauptsächlich auf Äußerlichkeiten achten und dieses »Achten« auch noch von vorher festgelegten Erwartungen begleitet wird.

In den letzten Jahren sprachen mich unabhängig voneinander verschiedene Menschen darauf an, ob ich nicht indianisches Blut in meinen Adern hätte. Als ich dann im Jahr 2000 meinen Vater in Chicago besuchte, fragte ich ihn danach und er bejahte sofort. »Mein Großvater«, sagte er, »war ein Indianer.« Und dann fügte er noch zu meiner Verwunderung hinzu: »Er hatte glattes Haar, genau wie du!«

Ich sollte glattes Haar haben? Natürlich habe ich kein glattes Haar wie ein Indianer, aber zumindest ist mein Haar weitaus weniger gekräuselt als bei den meisten Afroamerikanern, und deshalb »sah« mein Vater es als glatt an. Was für ein Gegensatz zu dem, was Joachim damals gezeichnet und gesagt hatte.

Die in Frankfurt lebenden Ausländer schätzten mich unterschiedlich ein: als Inder, Syrer, Brasilianer, teilweise sogar als Spanier oder Italiener, meist jedoch als Marokkaner. Die vermeintliche Ähnlichkeit mit einem Marokkaner war sogar so groß, dass mich selbst Marokkaner sehr oft für einen Landsmann hielten und mich auf Marokkanisch-Arabisch oder Berberisch ansprachen.

Ich fühlte mich wohl. Endlich war ich dieser kleinstädtischen Festlegung entkommen, und endlich war auch meine Hautfarbe nicht mehr etwas, was allen sofort auffiel.

Letzteres war innerhalb der Verwaltung keineswegs der Fall. Ausländische Beschäftigte sind bei der Stadtverwaltung Frankfurt selten anzutreffen und wenn, dann leider mehrheitlich in Tätigkeiten, für die nur eine geringe Qualifikation erwartet wird, z. B. als Reinigungskräfte oder im Postversand. Es war deshalb so, dass mich Beschäftigte des Ordnungsamtes, die mich nicht kannten, oft für einen Klienten hielten und mich auch so behandelten.

So kam ich einmal vom Kopiergerät des Amtes und bestieg den Fahrstuhl, wo sich schon ein Kollege befand. Ich blätterte durch die Kopien, und sofort sprach er mich an: »Können Sie denn das auch lesen, was Sie da haben?«

Ich ärgerte mich und sagte: »Natürlich. Können Sie denn auch lesen?«

An meiner Aussprache erkannte er wohl, dass er einen Fehler gemacht hatte und versuchte, das Ganze auf eine humorvolle Weise geradezubiegen.

»Ich? Ich lese jeden Tag in der Bibel!«

»Wenn Sie wirklich jeden Tag in der Bibel lesen, dann sollten Sie schon einmal auf den Satz gestoßen sein: ›Du sollst nicht falsch Zeugnis reden wider deinen Nächsten!‹«

Dann stieg ich aus.

Zusammen mit der oben erwähnten Wahrnehmung lernte ich noch ein weiteres Gefühl kennen: Ich kam mir manchmal selbst wie ein Ausländer vor!

Das mag zwar auf den ersten Blick verwundern, doch konnte ich dieses Gefühl vorher nicht kennen, weil ich – wie die anderen Einwohner Idar-Obersteins – selten einen Ausländer in der Stadt gesehen hatte. Und im Urlaub ist ja die Situation eine ganz andere. Wie also hätte ich einschätzen können, wie sich ein Ausländer fühlt? Ein Mensch zum Beispiel, der sich nicht nur äußerlich von den Einheimischen unterscheidet, sondern auch einer anderen Kultur und damit einer anderen Erziehung entstammt?

Ich war zwar oft wie ein Ausländer behandelt worden, aber das hatte mich in keiner Weise sensibilisiert, mich auch so zu fühlen. Tatsächlich wirkte in mir meine deutsche Erziehung – ich war von einer deutschen Mutter erzogen worden, war hier zur Schule gegangen und hatte hier gelebt.

In meiner Kindheit und frühen Jugend hatte ich mich vom Deutschsein verabschiedet und dennoch keine andere Identität gewonnen. Dann hatte ich mich in meiner späten Jugend auf die Suche nach einer eigenen Identität gemacht und diese auch für mich gefunden, doch hieß die nicht: Ich bin ein Ausländer. Das wäre eine Lüge, eine Selbsttäuschung gewesen. Meine Identität konnte nur eine ganz eigene sein.

Welche Identität ich gewonnen habe, ist schwer zu beschreiben. Ich definiere mich selbst zunächst als einen Menschen. Nicht als einen Deutschen oder Amerikaner oder irgend etwas anderes. Für mich spielen Nationalitäten eine geringe Rolle, obwohl ich die Anschauung anderer, die sich als Teil irgendeines Volkes sehen, respektiere. Ich jedoch denke und hoffe, dass eines Tages die Grenzen zwischen allen Staaten als unsinnig angesehen werden und so etwas wie eine »Aufenthaltserlaubnis« – also eine Legitimation, sich in irgendeinem Land aufhalten zu dürfen – als genauso unzeitgemäß angesehen wird wie heute etwa die Einteilung in Menschenklassen im Römischen Reich oder im Mittelalter. Die Indianer hatten ein völlig anderes Denken, sie antworteten auf die Frage der Europäer, ob sie ihnen Land verkaufen wollten: »Wie kann man Land verkaufen? Wie kann man die Luft oder das Wasser verkaufen?« Die fragenden Antworten machen deutlich, dass ihre Ansichten von dem, was »mein« und was »dein« ist, völlig verschieden von den europäischen Ansichten waren.

Selbstverständlich habe ich »deutsche« Eigenschaften, aber was ist das genau? Ist nicht schon die Vorstellung, es existierten typisch deutsche Eigenschaften ein Vorurteil? Ich habe auch einen deutschen Pass. Aber was ist das? Letzten Endes nur ein Stück Papier, das kaum eine Aussage über den macht, der ihn benutzt.

Es ist dennoch falsch, wenn Deutsche meinen, ich gehöre nicht nach Deutschland. Wohin soll ich denn gehören? Wo sind meine Wurzeln? Wem gehört Deutschland? Nur den hellhäutigen Deutschen? Der manchmal geäußerten Aufforderung »Geh doch dahin, wo du herkommst!« hätte ich – selbst beim besten Willen – nicht nachkommen können.

Ich habe mir die Frage, wo ich hingehöre, seit meiner Kindheit gestellt. Erst als ich fast dreißig Jahre alt war, habe ich einen Teil der Antwort gefunden. Diese Antwort habe ich in Form einer Kurzgeschichte niedergeschrieben. In der Geschichte begegnet der Ich-Erzähler in den USA einer jungen Frau, Lilian, deren verstorbene Eltern aus Ostasien kamen. In einem Land, in dem Menschen, die wie sie aussehen, eine Minderheit sind, fühlt sie sich nicht wohl, und sie will nach Japan auswandern. Der Ich-Erzähler trifft Lilian kurz vor der Ausreise, und sie berichtet ihm von ihren Erlebnissen und ihrem Plan. Zum Schluss fragt sie den Erzähler, warum er, ein dunkelhäutiger Deutscher, nicht auswandern wolle. Und er sagt: »Weißt du, mein Traumland waren immer die Vereinigten Staaten. Ich dachte, hier könne ich leben, ohne ein Fremder zu sein, weil hier doch alle Nationen zu Hause sind. Aber nun höre ich deine Geschichte und sehe, dass du dieses Land verlassen willst!«

In Wahrheit – das habe ich jedoch erst viel später erkannt! – begegnete hier mein früheres Ich meinem späteren. Meine Ansichten hatten sich gewandelt. Zwar konnte ich noch immer meine frühere Einstellung verstehen, und in gewisser Weise trauerte ich ihr sogar noch nach, denn die Heldin der Geschichte war eindeutig Lilian, und der Ich-Erzähler ermutigte sie sogar, ihr Ziel weiter zu verfolgen. Die Kernaussage der Geschichte aber war dennoch: Überall gibt es Menschen, die sich nicht wohlfühlen, überall besteht aber auch die Chance, selbst etwas zu tun, damit man sich wohlfühlt!

Praktizierende Christen sehen ihr Leben als einen Dienst, den sie Gott gegenüber erfüllen wollen oder sollen, das treibt sie manchmal in die Fremde, wo sie als Missionare anderen Völkern von Gott erzählen. Ich habe bereits die Worte Stevie Wonders zitiert: »Gott wusste ganz genau, wohin er dich setzen wollte!«

Ich glaube inzwischen, dass ich hierhin gehöre und hier meine Aufgabe zu erfüllen habe. Deutschland zu verlassen, würde für mich im Moment bedeuten, dass ich einige meiner Ziele, die ich mir gesteckt habe, nicht erreichen könnte. Dafür bin ich jedoch zu hartnäckig; ich möchte es hier schaffen!

Nun – in Frankfurt am Main – hatte ich neben den Einordnungen von »Ausländern zweiter und dritter Generation« auch Umgang mit Menschen, die wirklich weder in Deutschland geboren waren, noch die deutsche Staatsbürgerschaft hatten. Einige luden mich auch privat zu sich ein oder wir fanden etwas Zeit, uns am

Schalter zu unterhalten. Jetzt erst hatte ich die Gewissheit, die ich vorher nur erahnt hatte, dass viele Probleme, die sie mir schilderten, die gleichen waren, die auch ich kannte.

Es gab jedoch auch Unterschiede: Die meisten Menschen, mit denen ich sprach, hatten ihre eigene Identität oder identifizierten sich mit ihrer Heimat, oft sogar sehr ausgeprägt.

Ich selbst fühle mich wie ein Ausländer, wenn ich in der einfachen »Ausländersprache« angesprochen werde, wenn Deutsche mich fragen, woher ich denn komme (was in Idar-Oberstein selten geschah, da man das ja zu wissen glaubte!) oder auch wenn mich Marokkaner als einen Landsmann ansehen.

Es ist seltsam, aber gleichzeitig kann ich mich seit dieser Zeit auch immer öfter wie ein Deutscher fühlen, z. B. in meiner Tätigkeit als Verwaltungsangestellter und später als Beamter. Und dies nicht, weil ich eine deutsche Behörde vertrete, sondern weil ich spüre, dass mich manche Ausländer trotz meiner Hautfarbe als einen Deutschen wahrnehmen.

Mitunter kann ich mich auch gleichzeitig als Ausländer und als Deutscher fühlen. Mir ist nämlich aufgefallen, dass viele Deutsche gerade mir gegenüber ihrem Ärger bezüglich verschiedener Bevölkerungsgruppen oder Nationalitäten Luft verschaffen. Noch verstehe ich nicht genau, warum das der Fall ist, vielleicht weil sie nicht wagen, es einem Ausländer direkt zu sagen, aber irgendwie doch das Bedürfnis haben, und glauben, bei mir auf jemanden gestoßen zu sein, dem sie sich anvertrauen können. Es mag aber auch sein, dass sie sich generell trauen, z. B. gegenüber einem Italiener über die Serben oder die Kroaten zu schimpfen und mich da einfach mit einbeziehen. Möglicherweise aber wollen sie ganz einfach meine Reaktion testen. Wie dem auch sei, in einer solchen Situation fühle ich mich sowohl als Deutscher, weil sie von mir wie von einem Deutschen Verständnis und sogar Zustimmung erwarten, aber auch als Ausländer, weil ich all diese Tiraden und Verunglimpfungen auch indirekt auf mich beziehe.

In der Meldestelle hatte ich von Anfang an, da die Ausländer mich als etwas Besonderes behandelten, eine Sonderrolle, was aber teilweise auch daran lag, dass ich der einzige männliche Mitarbeiter auf dieser Zweigstelle war und einige Männer lieber mit einem Mann sprechen mochten als mit einer Frau.

Nach ein paar Monaten, in denen ich glücklich und zufrieden war, eine neue und feste Arbeitsstelle gefunden zu haben – Marlene hatte inzwischen als Erzieherin in einem Kindergarten ebenfalls zu arbeiten begonnen – wollte ich wieder einmal vorankommen. Die Beschäftigung in der Meldestelle, die fast nur aus An-, Ab- und Ummeldungen bestand, füllte mich nicht mehr aus. Immer noch bildete ich mich weiter, beschäftigte mich mit anspruchsvoller Literatur, mit Wirtschaft und mit Naturwissenschaften. Es klangen auch weiterhin das Lachen aus der Volksschule und die Ausführungen des Herrn Kress in meinen Ohren; hinzu kam, dass ich nun auch den Leuten aus der Stadtverwaltung Idar-Oberstein beweisen wollte, dass ich noch nicht am Ende war.

Ich bewarb mich innerhalb der Stadt Frankfurt auf höher bewertete Stellen und setzte mir zum Ziel, von der Einstufung BAT VII direkt auf BAT Vc zu gelangen. Der sofortige Aufstieg um 2 BAT-Gruppen war zwar nicht üblich, aber ich wollte gleichzeitig ein Zeichen setzen, dass ich mir mehr zutraute.

Nebenher kämpfte ich ein ganzes Jahr lang für eine bessere Beurteilung, denn die erste, die ich bekommen hatte, war eine Allerwelts-Beurteilung gewesen. Der Personalrat, den ich angerufen hatte, unterstützte mich bei meinem Kampf nur halbherzig, und so nahm ich die Sache selbst in die Hand und erreichte schließlich auch mein Ziel.

Bei den Vorstellungsgesprächen, zu denen ich nun fast monatlich eingeladen wurde, machte man mir deutlich, dass ich zunächst einmal eine BAT VI-Stelle haben müsse, bevor ich die Vc bekommen könne. Also sprach ich mit meinem Vorgesetzten, und ich bekam tatsächlich ohne viel Mühe die nächstbessere Eingruppierung, verbunden mit einer Umsetzung zur Lohnsteuerkartenstelle. Gleichzeitig bemühte ich mich darum, die Beamtenlaufbahn einzuschlagen, die mir weitaus bessere Möglichkeiten zum beruflichen Aufstieg bieten würde. Beim ersten Einstellungstest fiel ich jedoch durch.

Während ich auf der Lohnsteuerkartenstelle Fuß fasste, nahm ich meine beiden Ziele wieder parallel in Angriff: weitere Bewerbungen für Vc und die Beamtenlaufbahn.

Sowohl die bisher negativ ausgefallenen Bewerbungen, als auch das Durchfallen beim Einstellungstest ließen mich mein Ziel nicht aus den Augen verlieren – ebenso nicht, dass ich mich erfolglos bemüht hatte, ein Wirtschaftsstudium neben dem Beruf zu absolvieren, was daran gescheitert war, dass man als Angestellter dazu im gehobenen Dienst arbeiten musste.

Mein zweiter Anlauf zur Beamtenlaufbahn war dann endlich mit Erfolg gekrönt – und auch eine Bewerbung auf eine BAT Vc-Stelle wäre wahrscheinlich zum gleichen Zeitpunkt positiv ausgefallen.

Der Wechsel in den Beamtendienst im Jahre 1990 – ich war mittlerweile 30 Jahre alt – bedeutete wieder einmal einen Neubeginn, denn ich musste meine Angestelltenstelle kündigen und praktisch wie ein Abiturient eine neue Ausbildung antreten. Und dies mit allen dazugehörigen Einschränkungen: weniger Verdienst, keine Garantie auf einen Arbeitsplatz, nochmals drei Jahre Lernen!

Darf ich ein Beamter werden?

Ich war durch die zurückliegende Ausbildung zum Verwaltungsfachangestellten beruflich gesehen letztlich eine Stufe tiefer gerutscht, denn mein Abitur hätte es mir ermöglicht, sofort die Laufbahn des *gehobenen* Beamtendienstes einzuschlagen. Der Verwaltungsfachangestellte entspricht hingegen der Laufbahn des *mittleren* Beamtendienstes, und beides ist mit Mittlerer Reife möglich.

Nun aber stieg ich wieder die Leiter hinauf. Die Indianer sagen hierzu: »Der Pfeil muss erst zurückgezogen werden, bevor er nach vorne schnellen kann!«

Die Ausbildung zum Beamten des gehobenen Dienstes besteht aus einem dreijährigen Verwaltungsstudium (mit dem Abschluss »Diplom-Verwaltungswirt«), welches von Praktika auf verschiedenen Ämtern der Stadtverwaltung begleitet wird. Einen Großteil des Studiums machen juristische Fächer wie Verwaltungsrecht, Staatsrecht oder Kommunalrecht aus. Der Unterricht an der Verwaltungshochschule ist jedoch weitaus näher der Schule als der Universität.

Alle Auszubildenden wurden auf fünf Klassen verteilt, die exakt wie eine Schulklasse die gesamten drei Jahre über zusammen blieben. In meiner Klasse war es so, dass der überwiegende Teil aus jungen Leuten bestand, deren Abitur gerade mal ein paar Monate alt war. Nur drei oder vier Leute waren überhaupt über 25 Jahre.

Wie ich es überall erlebt habe, erkor auch diese Klasse nach ziemlich kurzer Zeit ein »schwarzes Schaf« aus ihrer Mitte. Und ich, der ich schon über mehr Erfahrungen verfügte als noch in der Schulzeit, erkannte diesmal, wie das Ganze vonstatten ging. Ein, zwei Akteure, man kann sie auch »Anführer« nennen, sind die treibende Kraft und beeinflussen viele andere. Diesmal war jedoch – zumindest zunächst! – nicht ich dieses »schwarze Schaf«. Es war ein junger Mann, der ein wenig langsam in seiner Art sich zu bewegen und zu sprechen war. Die Akteure, also diejenigen, die in der Lage waren, andere auf ihre Seite zu ziehen, machten sich über ihn lustig, machten Witze über ihn.

Sicherlich gab es hier und da einmal eine Stimme, die sich – eher kleinlaut – für ihn erhob, aber die Lästerer waren lauter, schienen stärker zu sein. Diese Situation konnte ich nun endlich dazu benutzen, zu zeigen, dass es auch anders geht. Natürlich ließ ich mich nicht davon abhalten, mit dem »schwarzen Schaf« zu reden, ihm zu helfen und die Pausen mit ihm zu verbringen. Da ich keine Probleme mit den anderen, selbst nicht mit den »Lästerern« hatte, war ich gespannt, was passieren würde.

Obwohl es mich selbst erstaunte, schien mein Weg zunächst gangbar zu sein. Ich hatte tatsächlich mit beiden Seiten ein gleich gutes Verhältnis. Eine Zeitlang sah es sogar danach aus, als würde sich die Klasse ein anderes »schwarze Schaf« aussuchen: einen Menschen, der ein fast vollständiges Jurastudium hinter sich hatte und mir schon allein durch die Tatsache unsympathisch war, dass er ein immenses Bedürfnis hatte, mit seinem Wissen zu prahlen, was sich u. a. in der Gewohnheit ausdrückte, dass er Lösungen so laut vor sich hin sagte, dass der Dozent und auch die Schüler sie hören mussten.

Und doch kehrte sich die Situation wieder um. Das erste Halbjahr war vorüber, und die ersten entscheidenden Klausuren wurden geschrieben. Nun wollten einige den Jurastudenten auf ihrer Seite haben. Die Fronten wurden härter und offensichtlicher. Nach und nach standen das »schwarze Schaf« und ich alleine da.

Ich bemerkte auch durch Äußerungen der anderen, dass meine Anteilnahme für ihn nicht der einzige Grund dafür war. Vielen meiner Klassenkameraden gefiel meine Art nicht, sie sprachen mich darauf an, dass ich mein Auto nicht gerade in eine Parklücke stellte, dass ich auf den Gängen vor mich hin sang, dass ich es manchmal vorzog, meine Pausen allein zu verbringen und nicht mit ihnen. Was sie überhaupt nicht verstanden, war, dass ich dann und wann Gesetzesinhalte kritisch betrachtete, was in ihren Augen einem angehenden Beamten nicht gestattet war. Ich verwies auf die vielen Gesetzesänderungen und merkte an: »Wenn ein Gesetz wirklich von Anfang an perfekt ist, dann wären die nachträglichen Verbesserungen und Anpassungen doch nicht nötig!«

Mitunter entstand im Unterricht ein richtiger Schlagabtausch, was juristische Streitfälle anging, und dabei fiel mir auf, dass einige Schülerinnen und Schüler nicht daran interessiert waren, das Know-how zu lernen, sondern besser als ich zu sein, mir »eins auszuwischen«!

Hierzu kann ich eine höchst amüsante Geschichte erzählen, in der es darum ging, die Religionsfreiheit zu bewerten. Der Dozent für Staatsrecht ließ uns folgenden kleinen Fall beurteilen: Ein Rasta sitzt am Hauptbahnhof in Frankfurt und raucht einen Joint. Ein Polizist verhaftet ihn wegen Verstoßes gegen das Betäubungsmittelgesetz. Er beruft sich jedoch auf die Religionsfreiheit und gibt an, diesen Joint für Jesus Christus zu rauchen.

Der Fall gefiel mir, ich meldete mich zu Wort und sagte – nicht einmal aus wirklicher Überzeugung, sondern einfach, um eine unübliche Antwort abzugeben –, dass die Religionsfreiheit als im Grundgesetz verankert über dem Betäubungsmittelgesetz stehe und wenn das Jointrauchen zur Religionsausübung gehöre, dieser Rasta freigesprochen werden würde. Prompt gingen fünf, sechs Arme nach oben. Alle gaben zwar andere Antworten, die jedoch sämtlich meiner Einschätzung widersprachen und kamen zum Schluss, dass der Rasta sich strafbar gemacht habe. Was lustig war: Alle Sprecher sahen bei ihren Antworten mich an und nicht den Dozenten und manche machten gar am Schluss eine Kopfbewegung in meine Richtung, die ausdrücken sollte: Da hast du es!

Am Ende stellte sich übrigens heraus, dass es diesen Fall tatsächlich gegeben hatte und der Rasta wirklich freigesprochen wurde.

Was manche aus dem Kurs nicht unbedingt mit Freude sahen, war, dass ich recht gut war. Ich denke, dass ich nach dem Jurastudenten der Zweitbeste im Kurs war. Meistens überlegte ich mir genau, wann ich mich äußerte und wann nicht.

All dies waren natürlich auch Anzeichen meines gewachsenen Selbstbewusstseins. Und darüber freute ich mich, genauso wie über die Tatsache, dass ich vom armen vaterlosen Kind zum Beamtenanwärter aufgestiegen war. Ich war und bin übrigens nicht »stolz« auf das Erreichte. Das Wort »Stolz« ist für mich nur mit Negativem behaftet, für mich klingt Arroganz und Angeberei mit, wenn es ausgesprochen wird. Erst recht habe ich kein Verständnis dafür, wenn jemand behauptet, er sei stolz darauf, Deutscher, Amerikaner oder wer weiß was immer zu sein. Was hat er dazu beigetragen?

Da ich an die Wahrheit der Bibel glaube, denke ich außerdem, dass man nichts ohne Gottes Hilfe erreichen kann – selbstverständlich nicht in dem Sinne, dass ein Mensch seine Hände in den Schoß legen und auf Gottes guten Eingriff warten soll, nein, man muss auch selbst tätig werden. Insofern kann ich sowohl den Menschen Recht geben, die sagen: »Gott hat dir dabei geholfen«, als auch denjenigen, die anerkennen: »Mit deiner Kraft hast du viel erreicht!«.

Ich habe in Bezug auf die Streitigkeiten in meiner Kindheit geschrieben, dass nicht alle Konflikte durch die Hautfarbe entstehen, wenn aber eine persönliche Ebene erreicht wird, die Hautfarbe immer mit ins Spiel kommt. Ähnlich, jedoch viel subtiler, ist es hier gelaufen. Wieder einmal stellte ich dies über die schon angesprochenen Formulierungen und Erklärungen fest (»Es ist nicht wegen deiner Hautfarbe«, usw.). Es kamen jedoch noch neue Andeutungen hinzu, die – so möchte ich sagen – typisch beamtenmäßig waren. So fragte mich ein Mitschüler einmal, ob ich eigentlich ein Deutscher sei. Ich begriff sofort, dass es ihm nicht um die tatsächliche Feststellung ging, denn da nur Deutsche (und EU-Angehörige) Beamte werden können, wusste er die Antwort sicherlich. Also sagte ich: »Nach dem Pass bin ich ein Deutscher, aber ich würde es trotzdem nicht über mich sagen.« Ganz offensichtlich ärgerte er sich über diesen Satz. »Wenn du kein Deutscher bist, dann darfst du auch kein Beamter werden!« Ich blieb ruhig. »Nun, nach dem Gesetz ist die deutsche Staatsangehörigkeit eine notwendige Voraussetzung und die habe ich.« Und da schon einige der vorhin genannten Diskussionen um die Akzeptanz von Gesetzen gelaufen waren, fügte ich hinzu: »Gerade du betonst doch immer, dass ein Gesetz unumstößlich ist.«

Darauf konnte er nun nichts mehr erwidern und zog ohne weitere Worte von dannen.

Auch für andere passte ich offensichtlich nicht in das Bild, das sie von einem Beamten im Kopf hatten. Es kamen immer wieder Fragen, warum ich eigentlich Beamter werden wollte. Ich konnte und kann mir diese Fragen nicht anders erklären, als dass sie damit auf meine Hautfarbe anspielten, zumal ich nie feststellte, dass sie andere auch danach fragten.

Die, die ich die »Akteure« genannt habe, gingen wieder auf ihre mir schon bekannte Art und Weise vor und versuchten, mich lächerlich zu machen. Am häufigsten geschah dies, indem sie grundsätzlich nach jeder Antwort von mir im Unterricht erst einmal lächelten oder lachten. Daneben erzählten sie Witze, in denen Ausländer oder Afrikaner vorkamen.

Witze sind eine zweiseitige Sache. Auf der einen Seite wollen Leute damit zeigen, dass sie unvoreingenommen mit einer bestimmten Problematik umgehen können und zwar auf indirekte

Art, denn natürlich möchten sie zum Ausdruck bringen: »Siehst du, ich mache offen Witze darüber, für mich ist das also eine Sache wie jede andere auch.« Auf der anderen Seite steckt hinter Witzen aber oft Intoleranz, die manche Leute nur auf diese Weise auszudrücken wagen, denn schließlich können sie sich hinterher hinter der Behauptung verstecken, dass es ja nur ein Witz war.

Wie dem auch sei – eines gilt immer: Derjenige, der sich in solch einem Witz wieder erkennt, wird gekränkt! Selbstverständlich haben viele Menschen, über die Witze gemacht werden: Ausländer, Ostfriesen, Dunkelhäutige – gelernt, damit umzugehen und einen Witz nicht allzu ernst zu nehmen, dennoch glaube ich nicht, dass es auch nur einen Menschen gibt, der nicht durch einen Scherz über seine Hautfarbe oder seine ethnische Zugehörigkeit – wie immer er auch gemeint ist – an ähnliche, aber ernste Situationen und Erlebnisse erinnert wird und dessen Lachen daher auch immer mit einer mal mehr, mal weniger starken Spur von Traurigkeit verbunden ist.

Entschließt der Betroffene sich aber dazu, gar nicht über den Witz zu lachen, oder den Erzähler auf die Kränkung aufmerksam zu machen, muss er sich oft genug sogar Humorlosigkeit vorwerfen lassen.

Es gehört viel Selbstvertrauen dazu, deutlich zu machen, warum man einen Witz nicht toll findet und sich den dann folgenden Vorwürfen – hinter denen sich immer auch Rechtfertigungen und Entschuldigungen verbergen, weil es so manchem Sprecher erst dann auffällt, dass er einen Faux-pas begangen hat – zu stellen. Nicht jeder verfügt über dieses Selbstvertrauen, und es wäre gut, wenn der Erzähler von Witzen von vornherein daran denken würde.

Wie bei allen Vorlieben gehen auch die Meinungen darüber, was Humor ist, weit auseinander. Bei einem Zusammentreffen zwischen Ausbildern der Polizei und Migranten, zu dem ich eingeladen war und bei dem es darum ging, Sichtweisen über Intoleranzen und Diskriminierungen auszutauschen, erzählte eine Frau aus dem Kongo ein Erlebnis aus der Kur. Sie sollte in ein Moorbad gelegt werden, und der Pfleger sagte zu ihr: »Da muss ich ja aufpassen, dass ich Sie hinterher wieder finde.«

Die Polizisten lachten, die Frau wollte aber gerade durch diese Geschichte deutlich machen, dass dies eine Art von Humor ist, die sie nicht versteht.

Besonders empfindlich bin ich gegen eine merkwürdige Art von Witzen, die ich mit dem Adjektiv »gehässig« versehe; das sind die, die man dem Betreffenden ins Gesicht sagt, etwa, wenn das Wort »Urwald« in irgendeinem Zusammenhang fällt und jemand zu mir sagt: »Da kennst du dich ja aus!« Dass ich also überhaupt in Zusammenhang mit Urwald oder Afrika gebracht werde. Es wäre ja schön, wenn es der Fall gewesen wäre, aber tatsächlich war ich noch nie in Afrika. Ich habe auch nichts mit Afrika zu tun. Das einzige, was ich an Ähnlichkeiten mit Afrikanern habe, ist meine Hautfarbe. Also muss die gemeint sein, wenn man in Zusammenhang mit mir Afrika erwähnt.

Zur Hälfte des Studiums fand eine Zwischenprüfung statt. Derjenige, der zum »Schwarzen Schaf« geworden war, fiel leider durch und musste den Kurs verlassen. »Natürlich« – ich gebrauche dieses Wort nicht gern, aber ich habe es nicht anders festgestellt – konnte der Kurs nicht ohne ein anderes »schwarzes Schaf« sein. Nun fiel die Wahl – man wird es sich denken können – auf mich!

Nach und nach wurde ich aus allen bisher bestehenden Gruppen bei Gruppenarbeiten ausgeschlossen, verschiedene Schülerinnen oder Schüler sprachen überhaupt nicht mehr mit mir, Informationen (auch wichtige!) wurden nicht mehr an mich weitergegeben. Es schien so, als hätte ich den gesamten Kurs gegen mich!

Inmitten einer Klasse von ungefähr zwanzig Schülerinnen und Schülern stand ich völlig alleine da.

Ich denke, dass diese Situation vermeidbar gewesen wäre, wenn ich mich konform verhalten hätte. Das heißt, wenn ich nicht dem ersten »schwarzen Schaf« beigestanden hätte, wenn ich nicht auf den Gängen gesungen hätte und nicht meine eigene Meinung zu den Gesetzen geäußert hätte. Das hatte ich auch zu diesem Zeitpunkt bereits gewusst. Seit einigen Jahren schon hatte ich Menschen und deren Verhalten – fast möchte ich sagen:

notgedrungen – beobachtet und nach der Art von Marcel Proust analysiert und meine Schlüsse daraus gezogen. Besonders das Gruppenverhalten ist meiner Erfahrung nach immer sehr einfach gestrickt.

Aber trotz der Vermeidbarkeit jener Erfahrung sage ich selbst heute: Ich würde mich wieder genauso verhalten. Ganz einfach, weil ich mir Menschen wünsche, die sich so verhalten!

Selbstverständlich war auch nicht die gesamte Klasse gegen mich. Aber es machte sich wieder einmal ein Phänomen bemerkbar, das ich schon seit meiner Kindheit kannte: Der »Akteur« kann alle anderen dazu bewegen, sich auf seine Seite zu stellen oder sich passiv zu verhalten. Ich persönlich ziehe für ihn die Bezeichnung »Großmaul« vor, weil dieses Wort viel besser beschreibt, um was für einen Menschen es sich handelt. Steht er nämlich alleine da, so ist er meistens schwach und vorsichtig, innerhalb einer Gruppe aber ist er in der Lage, durch seine Wortgewandtheit und sein Auftreten zunächst ein paar Leute auf seine Seite zu ziehen. Auf die Art und Weise, wie das geschieht, bin ich bereits im Zusammenhang mit dem »Gesetz der sich selbst bestätigenden Erwartungen« eingegangen. Der »Akteur« möchte natürlich auch seine Stellung bewahren, und oft benutzt er dazu die Methode, sich ein »schwarzes Schaf« als Opfer auszuwählen, manchmal steht aufgrund von vorherigen Ereignissen sogar schon fest, wer die Rolle des »schwarzen Schafes« übernehmen muss. In der Regel sind es äußerliche Kennzeichen, die die Rolle festschreiben. Der »Akteur« geht offen oder verdeckt gegen das »schwarze Schaf« vor. Unter Kindern – und ich habe ja bereits beschrieben, dass ich mich sehr oft in der Rolle des »schwarzen Schafes« befunden habe – sind diese Angriffe offen, unter Erwachsenen meistens verdeckt! Das »schwarze Schaf« ist also für den »Akteur« nützlich, um Anhänger zu gewinnen, denn es ist leichter, Menschen auf seine Seite zu ziehen, wenn man einen gemeinsamen vermeintlichen Gegner oder Kontrahenten hat.

Hat dieser »Akteur« erst einmal drei oder vier Leute um sich geschart, so fangen alle anderen an zu überlegen: Wenn die Auseinandersetzung offen zu Tage tritt, auf welche Seite schlage ich mich dann? Ob diese Überlegungen bewusst oder unbewusst geschehen, spielt dabei keine Rolle, im Ergebnis sind sie gleich.

Meinen Erfahrungen nach war es dann immer so, dass sich alle auf die Seite des »Akteurs« gestellt haben. Und zwar nicht, weil sie unbedingt seiner Meinung waren, sondern aus Angst, ansonsten mit dem »schwarzen Schaf« alleine dazustehen und ebenfalls Repressalien über sich ergehen lassen zu müssen. Diese Regel – ich erlebe es tatsächlich als Regel – hat nichts mit der Hautfarbe zu tun, und ich habe sie auch außerhalb dieses Zusammenhangs erlebt.

Zum Beispiel bei einer Diskussion während meines Zivildienstes in der Zivildienstschule.

Wir redeten über einen möglichen Dritten Weltkrieg. Irgendwann warf ich in die Diskussion ein, dass es schon in der Bibel Prophezeiungen dahingehend gäbe. Plötzlich hatte ich »die gesamte Gruppe« gegen mich. Es hagelte acht, neun, zehn Erwiderungen und Gegenargumente, und schließlich forderte man mich auf, die entsprechenden Bibelstellen zu benennen. Das konnte ich auf Anhieb nicht, und ich bot an, sie bis zum nächsten Tag zu suchen.

Abends klopfte es dann an meine Tür, einer aus der Gruppe kam herein und gab mir ein Zettelchen, das ich noch heute in meiner kleinen Bibel aufbewahre. Auf dem Zettel standen die vier Bibelstellen, auf die ich mich am Nachmittag bezogen hatte.

Ich sah ihn an und fragte: »Du kennst die Stellen?«

»Ja!«

»Aber warum hast du mich heute Nachmittag nicht unterstützt?«

Er zuckte mit den Schultern.

Heute weiß ich es: Er hatte Angst, mit mir alleine dastehen zu müssen!

Ich habe oft alleine dagestanden mit der Befürchtung oder der Gewissheit, eine gesamte Gruppe gegen mich zu haben: in der Kindheit, in der Schule, in der Gemeinde, im Zivildienst usw. Ich habe aber auch gelernt, in einer solchen Situation zu bestehen. Eine Menge anderer Leute hat das nicht erlebt; im Gegenteil, sie haben sich auf der sicheren Seite befunden. Ich weiß das natürlich und bin deshalb einem solchen Menschen auch nicht böse.

Genauso gehört es aber auch zu meinen Erfahrungen, dass jedes Mal hinterher Leute aus der Gruppe zu mir kommen und mit mir rückblickend – und natürlich nur unter vier Augen – über die Situation sprechen. Dabei äußern sie dann Verständnis für meinen Standpunkt, und oft genug zeigen sie mir sogar, dass ihre ganz persönliche Meinung eigentlich gar nicht so verschieden von meiner ist. Anfangs habe ich sie noch gefragt, warum sie mir denn nicht beigestanden haben, aber ich habe auf diese Frage immer wieder die gleiche Antwort gehört: »Ich habe mich nicht getraut« oder ein verlegenes Achselzucken gesehen. Mittlerweile frage ich gar nicht mehr danach, denn ich weiß die Antwort schon. Und manchmal kann ich sogar schon an den Gesichtern erkennen, wer es vorzieht, zu schweigen statt seine Meinung zu äußern.

Eines Tages kam es dazu, dass Kopien im Klassenraum durchgereicht wurden. Da ich irgendwo in der Mitte saß, kamen sie auch zu mir, ich wollte mir eine nehmen und den Rest weitergeben, aber man sagte mir: »Nein, die sind nicht für dich!« Noch dachte ich mir nichts dabei und gab das Blatt zurück, hatte aber genug Zeit, es mir anzusehen. Am nächsten Tag stellte ich fest, dass es sich um die Lösung zu einer Klausur gehandelt hatte, die nun geschrieben wurde. Als ich hinterher fragte, warum man sie mir nicht gegeben habe, sagte man mir, ich sei nicht anwesend gewesen, als das Geld für die Kopien eingesammelt wurde. Ich erinnerte mich jedoch, dass ein bestimmter Schüler Geld eingesammelt hatte, während ich im Klassenraum gewesen war, und dass man mich übergangen hatte.

Als die Klausur zurückgegeben wurde, hatten alle die Note »Sehr gut«, und ich die Note »gut«. Aber das war es nicht, was mich ärgerte, denn wenn ich keinen Nachteil habe, stören mich die Vorteile anderer nicht. Was mich ärgerte, war die Art und Weise, wie ich ausgegrenzt und belogen worden war.

Ich ging zum Leiter der Verwaltungshochschule und schilderte den Vorfall, ohne die Namen derer zu nennen, die mich belogen hatten. Der Leiter sprach mit den beiden Klassensprechern in meinem Beisein und erkannte, dass diese Angelegenheit nur einen Teil des Gesamtproblems darstellte. Er fragte mich, ob ich mit einer Aussprache mit dem gesamten Kurs in seiner Anwesenheit einverstanden wäre. Obwohl ich ahnte, was dabei geschehen würde, stimmte ich zu. Eine Ablehnung hätte mich in einem schlechten Licht erscheinen lassen, denn ich sah dem Leiter an, dass er keine Vorstellung von der Tiefe der Schlucht zwischen mir und dem Rest hatte.

Meine Ahnung hat mich dann aber doch getäuscht, denn die »Aussprache« wurde weitaus heftiger, als ich erwartet hatte. Ich schreibe »Aussprache« in Anführungszeichen, weil es nicht die Spur einer Aussprache war; ich selbst kam fast gar nicht zu Wort.

Es hagelte Anklagen, Vorwürfe und Angriffe.

Das Groteske an der Situation war, dass niemand gewichtige Argumente oder Beispiele für ein Fehlverhalten von mir hatte. Was hätte man auch nennen können? Darum überschüttete man mich und den Leiter mit Vorfällen, die keine Rolle für die tatsächliche Situation spielten und die – selbst wenn sie sich ereignet hatten – ziemlich belanglos waren und auch nicht auf mich allein zutrafen: Ich hätte einmal jemanden aus dem Kurs im Gang nicht gegrüßt, meine Wortbeiträge im Unterricht seien zu lang, ich würde nicht mehr in den Raucherraum gehen usw.

Letzteres war übrigens besonders frech angesichts der Tatsache, dass ich zwar tatsächlich nicht mehr den Raucherraum aufsuchte, aber nur, weil man mich dort nicht mehr beachtet hatte.

Meine Hautfarbe wurde überhaupt nicht erwähnt, und deshalb brachte ich sie dann ziemlich zum Schluss ins Spiel. Und wenn ich vorher vielleicht noch Zweifel hatte, so wurde mir jetzt deutlich, dass auch sie eine große Rolle bei allem spielte. Sicherlich ist auch das eine Sache der Wahrnehmung. Aber selbst wenn ein »außenstehender Dritter« (was im übrigen ein bloßes Gedankenprodukt ist, denn nirgendwo gibt es ihn wirklich!) hier keine Fremdenfeindlichkeit festgestellt hätte, so ist meines Erachtens doch der Eindruck des Betroffenen sehr wichtig. Man muss sich zumindest fragen: Wie kommt er zu diesem Eindruck?

Während nun nach meiner Erwähnung der Hautfarbe die bekannten »Akteure« wieder einmal gehässig grinsten, hagelte es von anderen »entsetzte« Zurückweisungen, von »Wie kannst du nur!« bis »Mir kann man so etwas nicht vorwerfen, weil...«. Selbst Leute, die sich zumindest nicht aktiv an Handlungen gegen mich beteiligt hatten, fühlten sich genötigt, etwas sagen zu müssen. Zwei Entgegnungen kamen allerdings nicht: »Das Argument mit der Hautfarbe ist ja nur eine Schutzbehauptung!« – es ist schwer, darauf etwas zu erwidern – und: »Ich kann verstehen, dass Thomas es so sieht, aber...« Letzteres hätte mich gefreut, und es hätte gezeigt, dass irgend jemand wenigstens Verständnis für meine Situation gehabt hätte.

Selbst der Leiter zeigte nicht genügend Einfühlungsvermögen und ließ sich von den vielen »Argumenten« beeindrucken. Die Frage »Wie konnte Thomas zu diesem Eindruck kommen?« stellte er weder sich noch den anderen. Die Klasse ging ohne Flecken auf ihrer weißen Weste aus dem Gespräch heraus, und ich hatte nichts gewonnen außer der Erkenntnis, dass ich mit meinen Einschätzungen richtig gelegen hatte.

Ich wurde jedoch von anderer Seite unterstützt. Im praktischen Teil der Ausbildung lernte ich Michaela aus einem Parallelkurs kennen. Wir verstanden uns von Anfang an sehr gut. Ihr Eindruck von meinen Kurskollegen entsprach dem, den ich hatte, und sie sagte mir das, auch ohne dass ich sie darauf ansprach. Von nun an versorgte sie mich mit den notwendigen Informationen, die man brauchte und die ich über meinen Kurs nicht bekam.

Es mag zwar verwundern, aber ich mache weder Einzelnen aus dem Kurs noch der gesamten Klasse wirklich Vorwürfe. Einmal sind es fast naturgemäße Zusammenhänge, die solche Konflikte immer wieder produzieren. Auch in Kursen, in denen kein Dunkelhäutiger oder Ausländer ist, geschehen solche oder ähnliche Dinge, das weiß ich aus Schilderungen anderer. Es ist auch unmöglich – ich habe das schon an anderer Stelle geschrieben – die gesamte Gruppe zu ändern. Möglich aber ist es, das Bewusstsein Einzelner zu erreichen und zu verändern und sie feinfühliger für solche Situationen zu machen. Das ist meine Aufgabe, zumindest verstehe ich das als meine Aufgabe. Es wäre jedoch wünschenswert, wenn ich dabei Unterstützung hätte. In der Ausbildung zum Beamten hatten wir lediglich ein Unterrichtsfach, das »Gesellschaft und Verwaltung« hieß und das die zukünftigen Beschäftigten auf die sozialen Aspekte innerhalb der Verwaltung aufmerksam machen sollte. Aber selbst in der Gewissheit, dass 30 Prozent der Bevölkerung der Stadt Frankfurt ausländischer Nationalität sind und diese Gruppe sehr stark mit den Behörden zu tun hat (auf der Ausländerbehörde sogar zu annähernd 100 Prozent), wurde in diesem Fach nicht auf die Probleme von Ausländern oder Minderheiten eingegangen. Das müsste sich selbstverständlich ändern.

Die letzten 1 1/2 Jahre der Ausbildung vergingen ohne eine Integration in die Klasse. Und je länger ich alleine arbeitete, z. B. auch bei Gruppenarbeiten, und gut damit zurecht kam, desto häufiger kamen wieder Einzelne auf mich zu und sprachen mit mir. Die Auseinandersetzungen und die Aussprache schienen sie vergessen zu haben. Dennoch wagte niemand, offen Solidarität oder Verständnis auszudrücken. Das kam erst Jahre später, als ich den einen oder die andere irgendwo wieder traf. Und erst dann erfuhr ich, dass in den letzten Monaten vor der Abschlussprüfung auch zwischen anderen ein regelrechter Konkurrenzkrieg entflammt war.

Nochmals harte Jahre

Marlene und ich hatten 1989, also schon vor meiner Ausbildung zum Beamten, in Idar-Oberstein geheiratet. Wir hatten unseren Geburtsort gewählt, weil wir noch nicht sehr viele Menschen in Dietzenbach und Frankfurt kannten und auch, weil unsere Familien dort lebten.

Meine Mutter und mein Bruder kamen jedoch nicht zur Trauung. Für sie hatten sich zwei der schlimmsten Befürchtungen erfüllt: Ich hatte mich noch mehr von ihnen gelöst und – was noch schlimmer wog – ich hatte eine Deutsche geheiratet!

Nun begannen die offenen Attacken auf uns, wobei sich mein Bruder vorerst noch zurückhielt und die Rolle des Neutralen spielte, in Wirklichkeit aber schon kräftig an den Fäden zog und mitwirkte.

In der Folgezeit waren Anrufe bei uns, bei meiner Arbeitsstelle, Besuche bei unseren Bekannten, wobei mich meine Mutter auf ihre subtile Art und Weise schlecht machte, Bitten um Geld, Einmischungen in unser Privatleben an der Tagesordnung.

Mitte der neunziger Jahre spitzten sich die Ereignisse immer mehr zu. Meine Mutter rief nun täglich bei mir und meiner Frau an, erkundigte sich nach allen Details unseres Lebens und warnte uns vor jedweder Entscheidung, die wir zu treffen vorhatten sowie vor Menschen, mit denen wir zu tun hatten. Zwar kannte sie weder die Menschen, noch die genauen Gründe und Ziele, die mit unseren Entscheidungen verbunden waren, beanspruchte aber dennoch für sich ein Recht, in unser Leben eingreifen zu dürfen. Schließlich kauften wir uns einen Anrufbeantworter, um eine Kontrolle über die Anrufe zu haben. Meine Mutter ahnte jedoch, dass der Anrufbeantworter etwas mit ihrem Verhalten zu tun hatte und lehnte sich auf ihre Weise dagegen auf. Jedes Mal, wenn sie das Band besprach, brachte sie eine mehr oder weniger versteckte, aber immer gezielte Drohung an: es wäre besser, wir würden persönlich ans Telefon gehen.

Dabei kannten sie und mein Bruder keine Tabus. Irgendwann rief meine Mutter an und hinterließ die Nachricht, dass mein Bruder todkrank sei und im Krankenhaus läge. Die Nachricht traf mich wie ein Schock, und selbstverständlich rief ich zurück. In dem Krankenhaus, das meine Mutter nannte, lag mein Bruder jedoch nicht. Es stellte sich dann heraus, aber auch erst nach mehreren Telefonaten zwischen mir und meiner Mutter, in denen sie immer wieder andere Krankenhäuser angab, dass mein Bruder kerngesund war.

Dann wiederum besprach mein Bruder den Anrufbeantworter und gab an, meine Mutter läge im Sterben. Aber auch diesmal verhielt es sich so, dass sie nicht einmal krank war.

Meiner Frau und mir blieb keine Alternative als das Gerät auszuschalten und vorläufig überhaupt nicht mehr mit meiner Mutter zu reden. Da erfuhren wir, dass sie bei vielen Bekannten von uns angerufen und die Meldung verbreitet hatte, wir seien verschollen. Ein, zwei Tage später wiederum erklärte sie diesen

Leuten, sie ginge jetzt zur Polizei und wolle sich außerdem auf den Weg nach Dietzenbach machen, um selbst nach dem Rechten zu sehen.

Schleichend und ohne dass ich es zunächst selbst wahrnahm, hatten diese subtilen und anhaltenden Aktionen ihre Auswirkungen.

Ich fühlte mich krank und hatte doch anfangs keinerlei Anzeichen einer körperlichen Krankheit. Abends nach der Arbeit kam es mir vor, als sei ich müde und erschöpft, aber ich wusste, dass es keine Müdigkeit und keine Erschöpfung war, die durch Schlaf beseitigt werden konnte. Ich wurde lustlos und lethargisch.

Dann wiederum stellten sich Schmerzen an verschiedenen Körperstellen ein, deren Ursache ich mir nicht erklären konnte. Erst als mir auffiel, dass es immer nach Anrufen meiner Mutter schlimmer wurde, wurde mir der Zusammenhang deutlich.

Ich brauchte Ruhe und Abstand, aber mir standen noch eine Reihe von Überraschungen bevor...

Was meinen Beruf anging, so schien ich ebenfalls zunächst ohne Glück zu sein.

Nach der Prüfung, die ich als zweitbester der Klasse abschloss, wurde ich dem Ordnungsamt zugewiesen. Es gab dort eine Sondergruppe, die lediglich für die Flüchtlinge aus Ex-Jugoslawien zuständig war. An meinem ersten Arbeitstag sprachen 700 Menschen vor. Auf der anderen Seite der nur notdürftig ausgestatteten Schreibtische saßen jedoch weniger als zehn Mitarbeiter. In der *Frankfurter Rundschau* vom 30. März 1994 – genau in der Zeit, in der ich dort arbeitete – wurde der Leiter des Ordnungsamtes mit folgenden Worten zitiert: »Eigentlich ist die Situation für die Bosnier wie für die Mitarbeiter der Ausländerbehörde unzumutbar.« Ich empfand es ebenso.

Nach einem Jahr bot man mir eine Stelle auf dem Sozialamt an. Ich wollte zwar kein Publikum mehr bedienen, was nicht an meinen Erfahrungen auf dem Ordnungsamt lag, sondern daran, dass ich bisher in der Stadtverwaltung Frankfurt ausschließlich auf publikumsintensiven Stellen gearbeitet hatte und dieses

Stigma loswerden und vorwärts kommen wollte. Dennoch nahm ich an. Ich war zuversichtlich, auch diese Stelle bald wieder verlassen zu können, um eine Arbeit zu finden, die mir wirklich gefiel. Vor meiner Ausbildung hatte es ja gut ausgesehen, und außerdem hatte ich während meiner Zeit auf dem Ordnungsamt Kontakt zum Amt für multikulturelle Angelegenheiten aufgenommen und hätte gerne dorthin gewechselt. Leider gab es dort jedoch keine freie Beamtenstelle.

Drei Jahre verbrachte ich auf der Sozialstation Goldstein. Es war eine harte Zeit, in der ich mich sehr oft nur mit dem Gedanken an den Verdienst beruhigen konnte. Die Arbeit war alles andere als abwechslungsreich. Mein Frust stieg von Jahr zu Jahr, selbst das Gebäude und die unmittelbare Umgebung wirkten so trostlos auf mich, dass ich in den letzten Jahren fast jede Mittagspause im nahegelegenen Wald verbrachte, um wenigstens für kurze Zeit auf andere Gedanken zu kommen. Die Aussichten auf einen beruflichen Aufstieg innerhalb des Sozialamtes waren gering.

Ich hatte kaum Probleme mit den jeweils Vorsprechenden, doch deren Masse erdrückte mich nach und nach. Wieder berichteten auch die Zeitungen über die Arbeitsbedingungen. In einem Artikel der *Frankfurter Rundschau* vom 21. Juni 1995 wird diesmal der Personalrat zitiert: »Der erhebliche Zuwachs an Hilfeempfängern in der vergangenen Zeit führe dazu, dass die Mitarbeiter ›zunehmend dem enormen Arbeitsdruck physisch und psychisch nicht mehr gewachsen sind‹.«

Ich wollte fort, wollte weiter. In dieser Zeit, in der auch die familiären Konflikte weiter zunahmen, schrieb ich eine Vielzahl von Bewerbungen. Ich bewarb mich bis Wiesbaden und Mainz und natürlich auch innerhalb der Stadtverwaltung Frankfurt. Leider wurde ich nur zweimal überhaupt zu Vorstellungsgesprächen eingeladen, und es schien, als sollte ich noch viele Jahre auf der Sozialstation zubringen.

Als ein Systembetreuer für die EDV-Anlage der Sozialstation gesucht wurde, erklärte ich mich dazu bereit. Es bedeutete zwar Mehrarbeit, aber vielleicht auch eine Chance, mich in ein neues Gebiet einzuarbeiten, Erfahrungen zu sammeln und dadurch schließlich eine andere Stelle zu finden. Eine höhere Bezahlung oder Eingruppierung war damit nicht verbunden.

Dann gab es einen Zwischenfall. Ein Sozialhilfeempfänger drohte, mich umzubringen. Es war mir nicht ganz klar, ob er dies nur in seiner aufkommenden Wut gesagt hatte oder ob die Gewaltandrohung ernst gemeint war. Es traf mich jedoch genau in der Zeit, in der ich wegen des Vorgehens meiner Mutter psychisch stark angeschlagen war. Und das war mehr, als ich verkraften konnte. Ich ging zum Abteilungsleiter, erzählte ihm den Vorfall und sagte, dass dies der letzte Tag gewesen sei, an dem ich Publikum bedient hätte.

So kam es dann auch. Der Abteilungsleiter unternahm alles, um mir eine andere Arbeitsstelle zu verschaffen. In der Zwischenzeit arbeitete ich ohne Publikumsverkehr.

In einem Bereich der Finanzabteilung des Sozialamtes wurde zu dieser Zeit jemand gesucht, der über EDV-Kenntnisse verfügte, und der dortige Abteilungsleiter war hocherfreut, mich bekommen zu können. Innerhalb kürzester Zeit wechselte ich dorthin. Meine freiwillige Tätigkeit als Systembetreuer hatte mir also letztlich geholfen.

So waren auch in beruflicher Hinsicht die Jahre nach der Beamtenausbildung sehr anstrengend, aber noch eine dritte Geschichte nahm mich zu dieser Zeit in Anspruch.

Schon 1991 hatte ich begonnen, mich in einer politischen Partei zu engagieren. Meine Beweggründe lagen hauptsächlich darin, mich für Chancengleichheit einsetzen zu wollen. In meiner Ausbildung zum Beamten hatte ich festgestellt, dass ein hoher Anteil der Beamtenanwärter Eltern hatten, die auch im öffentlichen Dienst arbeiteten oder sogar Beamte waren. In der Folgezeit entdeckte ich überall, in allen Berufen und in allen sozialen Schichten ähnliche Tendenzen.

Arbeiterkinder werden Arbeiter, Angestelltenkinder werden Angestellte und Kinder von Akademikern werden Akademiker. Das Merkwürdigste daran ist, dass schon die Kinder zu wissen scheinen, welche Laufbahnen ihrer sozialen Schicht entsprechend »richtig« und welche »falsch« sind. Erst jetzt erkannte ich, dass genau deshalb selbst die armen Kinder gelacht hatten, als ich damals in der Volksschule aufgestanden war, als wir gefragt wurden, wer auf eine höhere Schule gehen wollte. Instinktiv wussten sie, dass da was nicht stimmte. Kinder aus unserer Wohngegend gingen nicht auf die Realschule oder aufs Gymnasium.

Ich wollte also etwas für Chancengleichheit tun, musste aber einsehen, dass das kein leichtes Unterfangen war. Der Weg vom einfachen engagierten Mitglied der Partei über einen Beisitzer im örtlichen Vorstand und Schriftführer bis zum stellvertretenden Vorsitzenden dauerte Jahre. In dieser Zeit blieb neben Sitzungen, Veranstaltungen und sonstiger Arbeit immer weniger Zeit für mein Privatleben übrig.

In dem Jahr, in dem ich wegen der Angriffe meiner Mutter und meines Bruders psychisch belastet war, organisierte ich neben meiner sonstigen politischen Arbeit ein Sommerfest und gründete eine Jugendgruppe innerhalb der Partei. Im Nachhinein kommt es mir vor, als sei dies das schwerste Jahr meines Lebens gewesen.

Mit der Zeit hatte ich das Gefühl, dass es sehr schwierig war, andere Menschen in der Partei für eine Idee zu begeistern und sie als Mitstreiter zu gewinnen; alleine aber war politisch so gut wie nichts zu erreichen, oder mit anderen Worten: der Aufwand stand in keinem Verhältnis zum Erfolg.

Ich war zwar noch zwei Jahre lang als Stadtverordneter für die Partei tätig, aber als eine neue Arbeitsstelle mich mehr in Anspruch nahm, trat ich von allen Ämtern zurück. Seither bin ich politisch nicht mehr aktiv.

In den neun Jahren meiner politischen Aktivitäten lernte ich sehr viele Menschen kennen, aber es waren eigentümliche Menschen: Für die meisten spielten mein Privatleben, meine berufliche Tätigkeit, meine familiären Probleme oder meine privaten Interessen überhaupt keine Rolle, sie waren nur bei politischen Themen aufmerksam. Selbst bei einem geselligen Beisammensein war es kaum möglich, auf irgendein anderes Gebiet zu sprechen zu kommen. Die wenigen außerpolitischen Gespräche führte ich fast nur mit Frauen, und mit diesen Frauen stehe ich auch heute noch in Kontakt.

Die vierte Geschichte, die genau genommen wieder zur ersten, zur Familie, zurückführt, beanspruchte den größten Teil meiner Kraft in diesen Jahren.

Mein Leben gleicht nicht dem des Hans Castorp in Thomas Manns berühmtem Roman *Der Zauberberg*. Seine Welt beschränkte sich auf den engen Raum eines Sanatoriums, inmitten stets derselben Personen, jede davon Sinnbild für einen anderen Lebensinhalt: Glaube, Liebe, Leid, und so weiter.

Der Roman meines Lebens stammte wohl eher von einem amerikanischen Autor wie John Steinbeck oder John Irving, die in melancholisch-heiterer Weise Personen und Ereignisse nebeneinander und durcheinander auftauchen und verschwinden lassen wie Sterne am Himmel und wo man ein wenig Phantasie benutzen muss, um darin ein Muster zu erkennen. Viele der erzählten Ereignisse erscheinen dem Leser dieser Romane unglaubwürdig und mit allzu großer Erfindungsgabe vom Autor erdacht.

Und dennoch musste ich erfahren, dass genau solche Geschichten das Leben selbst schreibt.

In den Monaten, in denen ich die Tage mit den Belastungen auf der Sozialstation und die Abende sehr oft mit sich dehnenden politischen Debatten zubrachte, kam es infolge der Aktivitäten meiner Mutter zum endgültigen Bruch zwischen uns. Seit dieser Zeit haben wir kein Wort mehr miteinander gesprochen und auch keinen Briefwechsel mehr.

Ich dachte viel über meine Vergangenheit nach. Oft auch in meinen Träumen fielen mir offene Fragen meiner Kindheit wieder ein, Ahnungen und Ungewissheiten, die ich verdrängt oder vergessen hatte. Ich begann, mich über meine Kindheit zu erkundigen und wollte so viel wie möglich über meine Familie und mein eigenes Leben in Erfahrung bringen.

Diese Suche brachte schließlich Unglaubliches zutage.

Ich fand heraus, dass so gut wie alles, was mir meine Mutter über die Jahre zwischen ihrer Flucht aus Ungarn und meiner Geburt erzählt hatte, nicht stimmte. Das allein hätte mich wahrscheinlich nicht so sehr betroffen gemacht, wenn da nicht auch manches dabei gewesen wäre, das mit meiner Familie, und damit mit mir selbst, zu tun hatte.

Die Geschichte, die meine Mutter uns Kindern immer erzählt hatte, war einfach: Sie war gegen Ende des Krieges allein mit ihrer Mutter nach Deutschland gekommen. Unterwegs wurde sie dann von ihrer Mutter getrennt und hatte sie seither nicht wieder gesehen. Sie selbst musste als Mädchen auf einem Bauernhof arbeiten, bis sie schließlich ihre Tante Maria im damaligen Ost–Deutschland ausfindig gemacht hatte und mit ihr zusammen nach Göppingen gezogen war. Dort lernte sie Percy Flowers, meinen Vater, kennen.

Selbst beim Nacherzählen und obwohl ich es inzwischen besser weiß, finde ich diese Geschichte in sich schlüssig und glaubhaft. Meine Mutter ist auch – so weit ich es weiß – bis heute bei dieser Geschichte geblieben.

Und doch war es ganz anders.

Die Familie meiner Mutter in Ungarn bestand aus ihrer Mutter, Rosa Usleber, ihrem Vater, Adam Usleber, ihren beiden Tanten Maria und Lisa und ihrer Großmutter Maria Gutgesell.

Maria Gutgesell war eine strenge, herrschsüchtige Frau, die in der Familie den Ton angab. Ihre drei Töchter müssen sehr unterschiedlich gewesen sein: Rosa Usleber, meine Oma, war eine ruhige, in sich gekehrte Frau, die aber in der Erziehung ihrer Tochter ebenfalls eine strenge Linie verfolgte, für sie waren Tugenden wie Sauberkeit, Pünktlichkeit, Fleiß und Ehrlichkeit sehr wichtig. Ganz anders war das bei ihrer Schwester Maria. Die hatte zwar die Herrschsucht ihrer Mutter geerbt, wollte aber von Fleiß, Pünktlichkeit, Ehrlichkeit und Zuverlässigkeit nichts wissen und streunte lieber als Mädchen in der Gegend herum. Lisa, die dritte Tochter, war eine Deutschtümlerin, aber auch die bodenständigste von den dreien. Sie war später die Einzige, die in Ungarn blieb.

Adam Usleber, ein wenig unscheinbar, vielleicht auch, weil ich über ihn fast keine Informationen habe, wurde 1943 zur Wehrmacht eingezogen, und wie es scheint, hat ihn die Familie nicht wieder gesehen.

Als der Krieg sich dem Ende zuneigte und die Russen im Anmarsch waren, flohen viele Deutschstämmige, um Racheakten zu entgehen. Unter ihnen auch Maria Gutgesell mit ihren Töchtern Maria und Rosa und ihrer Enkeltochter, meiner Mutter. Alle erreichten deutsches Gebiet und fanden in Saalfeld in einem Flüchtlingsquartier Unterkunft. Maria Gutgesell herrschte auch hier über den weiblichen Rest der Familie.

Die Familie hatte zwar ziemlich schnell eine geeignete Wohnung in Saalfeld gefunden, aber es entstand immer wieder Streit zwischen den Müttern und Töchtern. Schließlich wurden die Auseinandersetzungen so heftig, dass Rosa Usleber mit ihrer Tochter fortging.

Rosa kam mit ihrer Tochter in die Nähe von Nürnberg, und sie wohnten und arbeiteten tatsächlich auf einem Bauernhof. Nur ein paar Jahre später trennten sich aber auch deren Wege, und während meine Mutter stets den Kontakt zur Familie in Saalburg aufrecht erhielt, besonders zu ihrer Tante Maria, ging meine Oma eigene Wege.

Nachdem das herrschende Familienoberhaupt, Maria Gutgesell, verstorben war, heiratete Tante Maria und kam mit ihrem Mann 1953 in den Westen. Sie zogen nach Göppingen, wo sich meine Mutter wieder zu ihnen gesellte.

Meine Mutter arbeitete bei den amerikanischen Streitkräften.

Sie war mit einem schwarzen Soldaten liiert, dessen Namen ich nicht herausgefunden habe und bekam einen Sohn, den sie nach seinem Vater Aaron nannte. Aaron war noch ein Baby, als sie ihn zur Adoption freigab, und es war ausgerechnet ihre Tante Maria, die selbst keine Kinder bekommen konnte, die ihn adoptierte.

Noch bevor die Adoption rechtlich abgeschlossen war, lernte meine Mutter dann Percy Flowers kennen, und mein Bruder und ich wurden geboren.

Als wir dann später des öfteren die Tante Maria besuchten, gab meine Mutter nicht an, dass Aaron unser Halbbruder war. Ich kannte ihn all die Jahre nur als das Adoptivkind ihrer Tante. Erst auf Grund meiner Nachforschungen kam die Wahrheit für mich ans Licht: Aaron ist mein Halbbruder!

Und auch meine Großmutter Rosa hätte ich noch persönlich kennen lernen können. Sie lebte bis 1989 in einem Heim in

Günzburg. Sowohl meiner Mutter als auch ihrer Tante Maria war ihr Aufenthaltsort schon lange bekannt, mir aber nicht.

All diese Verheimlichungen und Lügen kann ich mir noch nicht verstandesmäßig erklären, mein Gefühl sagt mir aber, dass in ihnen der Schlüssel für die Ablehnung der Deutschen durch meine Mutter verborgen ist.

Selbstverständlich nahm ich, nachdem ich das herausgefunden hatte, sofort Kontakt zu Aaron auf, und wir verstehen uns seither sehr gut. Er kann so wenig wie ich verstehen, warum ihn unsere Mutter verleugnet hat und ihm zudem bis heute nicht verrät, wie sein Vater heißt.

Die Geschichte unserer Familie, die wie ein unglaubwürdiger Roman klingen mag, hat damit wohl ihren vorläufigen Höhepunkt erreicht, doch die Merkwürdigkeiten sind damit nicht zu Ende. Ich werde noch erzählen, wie ich meinen Vater wieder traf und was ich dabei wiederum Neues erfuhr...

Neue Ziele

In der Bibel wird von den sieben mageren und den sieben fetten Jahren gesprochen. Daraus hat sich eine Vorstellung entwickelt, nach der manche Menschen an sieben Jahre Glück und sieben Jahre Pech glauben. So drastisch sehe ich es zwar nicht, tatsächlich sieht es aber so aus, als ob in meinem Leben Ende 1996 die sieben glücklichen Jahre begonnen hätten.

Den Anfang setzte ein Lottogewinn im November 1996. Meine Frau und ich überlegten uns, dass wir mit der Gewinnsumme endlich unseren Traumurlaub verwirklichen könnten. Also reisten wir im April 1997 für vier Wochen in den Westen der USA, sahen San Francisco, die alte Route 66 und den Grand Canyon.

Im gleichen Jahr kehrte ich dann der Sozialstation den Rücken und begann meine Arbeit auf der Finanzabteilung des Sozialamtes. Ich erlebte die Umsetzung wie eine Befreiung. Es gab keine vorsprechenden Menschenmassen mehr, und ich arbeitete im

Zentrum und nicht mehr am Rande der Stadt. In der Finanzabteilung fühlte ich mich wohl, und ich lernte wieder einige Menschen kennen, die mich als Person annahmen und für die meine Hautfarbe keine Bedeutung hatte. Aus dem sympathischen Team verbindet mich noch heute mit Dina, Alexandra, Doris, Alexander und Godela eine enge Freundschaft. Godela war in erster Ehe mit einem dunkelhäutigen Amerikaner verheiratet gewesen, und ich erinnerte sie ein wenig an ihn.

Im nächsten Jahr kam meine Tochter zur Welt, ein gesundes und hübsches Mädchen. Ich glaube, dass sie in der multikulturellen Stadt Dietzenbach wenig Probleme haben wird, und infolge ihres Namens und ihrer nur leicht getönten Haut wird sie auch anderswo kaum auffallen.

Nur wenig später eröffneten sich mir zwei interessante Möglichkeiten, auf eine neue Stelle zu wechseln: das neu eingerichtete Europa-Büro und das Amt für multikulturelle Angelegenheiten (AMKA). Seit dem Ende meiner Ausbildung hatte ich Kontakt zur Amtsleiterin des AMKA gehalten und mich immer wieder erkundigt, ob es eine freie Stelle gäbe. Mitarbeiter der Sozialstation hatten meine Bemühungen manchmal belächelt. Nun aber brachten mir meine Anstrengungen endlich einen Erfolg. Was mich wiederum davon überzeugte, dass ein Mensch zwar nicht erwarten kann, dass sich seine Wünsche von heute auf morgen erfüllen, sich aber, wenn man nicht aufgibt, oft auch ein Weg auftut: »Es ist nicht schwierig, ein Ziel zu erreichen, die Schwierigkeit besteht einzig darin, sich auf den Weg zu machen und durchzuhalten.«

Im März 1999 wechselte ich zum Amt für multikulturelle Angelegenheiten in Frankfurt.

Das Team des kleinen Amtes ist so multikulturell wie sein Name. Trotzdem bin ich wieder einmal der Einzige mit einer dunklen Hautfarbe, eine Konstellation, die mich mein Leben lang begleitet hat und wohl auch noch weiter begleiten wird.

Doch gibt mir das internationale Team eine Art von Wohlbehagen, das ich bisher nur selten spürte.

Unter den Mitarbeitern des Amtes werde ich sehr oft als »deutsch« angesehen. Sie, die tagtäglich mit Nicht-Deutschen zusammenarbeiten, mit ihnen sprechen und ihnen helfen und das eben nicht – wie auf dem Ausländeramt – in irgendeiner hoheitlichen Funktion, sehen die »deutschen Eigenschaften« deutlicher in mir. So wie meine Haare im Laufe der Zeit immer »glatter« wurden, so wurde ich also auch immer mehr zum Deutschen.

Ich freue mich über diese Entwicklung, denn sie sagt mir viel über Wahrnehmungen und Einordnungen, zugleich kommt sie jedoch zu spät: Früher – als Kind – hätte ich mir gewünscht, wenn es nur ein paar Menschen gegeben hätte, die mich »deutsch« genannt hätten. Inzwischen aber habe ich erkannt, dass ich weder »deutsch« noch sonst wie genannt werden muss, um einen Selbstwert und eine Identität zu haben.

Eine Schlussfolgerung aus diesen unterschiedlichen Wahrnehmungen ist für mich, dass Integration von beiden Seiten ausgehen muss: von den Ausländern und von den Deutschen. Ich habe es ja selbst erlebt – und ausführlich beschrieben –, dass es nicht genügt, wenn sich Ausländer »anpassen«. Mein Verhalten ist ja deutsch, meine Kleidung, meine Sprache, mein gesamtes Leben. Und trotzdem konnte – und kann – ich kein Leben wie ein Hellhäutiger führen. Solange es auf deutscher Seite bei den Ressentiments bleibt, versagt auch die Integration.

Das Amt für multikulturelle Angelegenheiten geht auf beiden Wegen, aber es gibt zu viele andere Projekte und Einrichtungen, die meiner Ansicht nach zu sehr den Ausländer in den Mittelpunkt der Integration stellen. Es ist zwar wichtig, dass er lernt, mit dem Deutschen umzugehen; genauso wichtig ist es aber auch, dass Deutsche lernen, mit Ausländern umzugehen.

Es wird oft von der »anderen« Kultur gesprochen, dabei wird übersehen, dass es weitaus mehr Gemeinsamkeiten zwischen der deutschen und irgendeiner nicht-deutschen Kultur gibt als Unterschiede. Wir alle, gleich ob Deutsche, Marokkaner oder Japaner, kleiden uns, lesen, sprechen und schreiben, gehen zur Schule, haben Musik, Literatur und Malerei – das alles ist Kultur. Wer von uns könnte nicht einen Roman eines indischen Autors verstehen? Der Begriff »Kultur« darf nicht auf die Sprache oder die Religion reduziert werden, denn dadurch wird nur das Trennende hervorgehoben.

Ich stehe heute an einem Punkt, an dem ich zumindest beruflich eines meiner Ziele erreicht habe. Und nun? Ist es an der Zeit, sich zurück zu lehnen und die Früchte zu genießen, um die ich so lange gerungen habe?

Der Gedanke daran ist mir fremd. Wie der Sportler, der ein Spiel gewonnen hat, denke ich schon wieder an das nächste Match. Wenn es mir am Beginn meines Weges noch um das Erreichen eines Zieles gegangen ist, so denke ich inzwischen, dass das Wesentliche an allen Zielsetzungen nicht das Ankommen, sondern der Weg selbst ist: »Wichtig allein ist, sich auf den Weg zu machen und durchzuhalten!« Der Weg bringt die Erfahrungen, die Erlebnisse, die Freuden. Am Ende bleibt nur noch der Blick zurück.

Es sei denn, man setzt sich neue Ziele. Dann kann man wieder nach vorne blicken und neuen Eifer entwickeln.

Es gibt Menschen, die mir gesagt haben, dass sie nicht verstehen, warum ich immer weiter will, und manche meinen, dass ich mit dem Erreichten nicht zufrieden bin. Aber das ist es nicht. Viel zu lange habe ich immer nach vorne schauen müssen, habe Hoffnungen und Zuversicht, manchmal auch Träume und Illusionen entwickeln müssen, als dass ich jetzt auf einmal den Blick zurückwenden könnte.

In der Bibel, einem Buch, das ich schon oft zitiert habe, geboten die Engel dem Lot, bei der Flucht sich nicht umzuschauen, Johannes der Täufer dagegen rief zur Umkehr auf.

Ein wenig von Beidem ist notwendig. Bei mir liegt im Blick zurück die Besinnung, woher ich komme, im Blick nach vorne liegt meine Kraft.

Meine Familie wird größer

Im Januar 2000 bekam ich von meinem Vater, der in Chicago lebt, einen Anruf. Seit seinem Besuch 1973 hatte sich unser Kontakt auf gelegentlichen Briefverkehr beschränkt. Da ich immer mit anderen, unmittelbareren Problemen beschäftigt gewesen war, war mir selten der Gedanke gekommen, ihn mal zu besuchen. In den neunziger Jahren war dann sogar unser Briefwechsel eingeschlafen, und nachdem mein Vater in den Ruhestand gegangen und umgezogen war, besaß ich nicht einmal mehr seine Adresse. Ein Brief, den ich 1997 an ihn gesandt hatte, kam als unzustellbar zurück. Zu diesem Zeitpunkt hatte ich schon keinen Kontakt mehr mit meiner Mutter und meinem Bruder, so dass ich die beiden nicht nach der neuen Adresse fragen konnte.

Als mein Vater anrief, wuchs sehr schnell der Wunsch in mir, ihn nun endlich zu besuchen. Mag sein, dass es daran lag, dass ich meine bisherige Familie »verloren« hatte, mag aber auch sein, dass ich nach all den Jahren der Veränderung und meines Wachstums nun bereit für eine Wiederbegegnung war.

Ich habe niemals irgendeine Art von Groll gegenüber meinem Vater verspürt, und an ein Leben ohne Vater hatte ich mich im Laufe der Jahre gewöhnt. Natürlich war es nicht einfach gewesen, wenn in der Schule die anderen Kinder von ihren Vätern erzählten oder wenn ich gefragt wurde, wo denn eigentlich mein Papa sei. Irgendwann aber fing ich an, dazu zu stehen. Die gesellschaftlichen Entwicklungen kamen mir entgegen: Es gab immer mehr Familien, in denen infolge von Trennungen der Vater oder gar die Mutter fehlte. So blieb ich nicht mehr der Ausnahmefall.

Trotzdem hat mich mein vaterloses Aufwachsen geprägt. Ich kann zum Beispiel in meiner eigenen Rolle als Vater nicht auf irgendwelche Erfahrungen zurückblicken, muss also auch hier einen mir ziemlich unbekannten Weg gehen. Ich denke jedoch, dass das kein Mangel ist, denn in der Improvisation liegen neue Chancen, und natürlich ist es mein großer Wunsch, für meine Tochter in jeder Hinsicht da zu sein.

Im Sommer 2000 bin ich nach Chicago geflogen.

Auf dem neunstündigen Flug haben mich gemischte Gefühle begleitet. Auf der einen Seite freute ich mich auf das Wiedersehen: Wie würde mein Vater aussehen, wie würde ich mit ihm zurecht kommen, wie würde er leben? Auf der anderen Seite erwartete mich ein fast unbekannter Mann, der mich und mein Leben kaum kannte und den ich ebenso wenig kannte.

Die Maschine kam mit einer Stunde Verspätung am Flughafen O'Hare an. Die lange Wartezeit an der Einreisestelle machte mich ungeduldig und nervös: Hoffentlich war mein Vater überhaupt noch da. Schließlich kam ich in die Wartehalle. Sie war unerwartet klein und überschaubar. Ich sah mich um: Welcher der Wartenden könnte mein Vater sein? Freundlich waren sie alle, die schwarzen Menschen, die hier saßen oder ihrer Wege gingen, aber keiner deutete an, fragend, erwartend auf mich zugehen zu wollen. Dann hörte ich einen Aufruf: »Mister Usleber, please come to the Information-Desk, someone is waiting for you.« Mein Name war sehr schlecht ausgesprochen, aber ich hatte ihn verstanden. Und da stand auch ein älterer Mann, in kurzer Hose, T-Shirt und Turnschuhen, ein wenig kleiner, als ich ich ihn mir vorgestellt hatte, leicht gebeugt, was typisch für ihn war, wie ich später feststellte.

Das Wiedersehen war herzlich und warm. Selbst wenn ich ihn nicht wiedererkannt hätte, war er mir nicht fremd. Ich kann nicht wissen, welche Gefühle ein Sohn, der mit seinem Vater aufgewachsen ist, zu diesem empfindet, aber ich denke, dass meine in diesem Augenblick ganz ähnlich waren.

Wir fuhren dann zu seinem Zuhause im Westen der Stadt, einem Bezirk, der fast ausschließlich von Schwarzen und Mexikanern bewohnt ist. Seine Wohnung war klein und nur spärlich mit alten Möbeln eingerichtet, dunkel, weil alle Vorhänge zugezogen waren, aber sauber. Mein Vater zeigte mir Bilder von Familienmitgliedern, und ich bekam eine erste Ahnung, wie groß diese Familie ist. Erst jetzt eröffnete mir mein Vater, dass er noch ein weiteres Kind Deutschland habe: eine Tochter mit einer anderen Deutschen.

Ich nahm dies zunächst nur erstaunt zur Kenntnis, so als habe er mir von einer weiteren Ehefrau berichtet. Erst später, abends, als ich allein im Bett lag und den Tag Revue passieren ließ, wurde mir richtig bewusst, was das bedeutete: ich hatte noch eine Halbschwester.

In meiner Kindheit glaubte ich, nur einen Bruder zu haben, dann lernte ich Annette und Pernell, die Kinder aus der amerikanischen Ehe meines Vaters, kennen. Später fand ich heraus, dass auch meine Mutter schon vor meiner Geburt einen Sohn hatte, und nun kam auch noch eine Schwester dazu. Aus einem Bruder waren fünf Geschwister geworden!

In den nächsten Tagen besuchten wir viele in Chicago lebende Verwandte aus der Flowers-Familie. Sie nahmen mich überaus liebevoll auf. Ich sah ebenfalls Annette und Pernell wieder.

Ich wurde überwältigt von einer starken Welle der Liebe. Es ist schwierig, zu all diesen Gefühlen die richtige Worte zu finden und dabei nicht in Überschwenglichkeit zu verfallen. Ich hatte weder etwas von der Innigkeit der Zuneigung meiner Verwandtschaft geahnt, noch eine Vorstellung von den Empfindungen gehabt, die da plötzlich in mir erwachten. Ich wurde geliebt, und ich liebte alle!

Es bereitete mir Mühe, all diese Familienmitglieder einzuordnen und den Überblick zu bewahren. Mein Vater hat zwölf Geschwister, von denen drei leider nicht mehr leben. Die meisten dieser Brüder und Schwestern haben ihrerseits mehr als fünf Kinder, manche zehn. Ich lernte viele dieser Onkel und Tanten, Cousins und Cousinen kennen. Am Abend trug ich die Namen derer, die ich kennen gelernt hatte, in ein Tagebuch ein und musste meinen Vater öfter um Hilfe bitten. Vereinzelt kam es vor, dass selbst mein Vater nicht genau wusste, zu wem irgendeine Großcousine gehörte und wie sie hieß.

Die gesamte Familie hält – wie ich schon erwähnt habe – die Familiengeschichte hoch in Ehren, und einmal im Jahr findet eine große »Flowers-Reunion« statt.

Das amerikanische Verständnis von Freundschaft wird in Deutschland oft als »oberflächlich« bezeichnet. Ich kann dem nicht beipflichten. Schon auf unserer Reise durch den Westen der

USA hatten Marlene und ich festgestellt, dass die Menschen dort oft viel freundlicher und offener als in Deutschland sind. Dies einschränkend wird von vielen Deutschen behauptet, die Amerikaner würden ihre Worte nicht so ernst nehmen, sie wären oft nur so dahingesagt. Obwohl ich das nirgendwo so erlebt habe, lasse ich es mal so stehen, frage aber, wo da der Unterschied zum Verhalten der Deutschen sein soll?

Die Menschen aus meiner Familie haben sich als alles andere als oberflächlich erwiesen. Ich fühlte mich schon nach zwei, drei Tagen wie zu Hause.

Der Großteil meiner Familie väterlicherseits lebt wie mein Vater im Westen von Chicago, und ich sah so gut wie kein helles Gesicht dort. Kinder spielten auf den Straßen, am liebsten Seilhüpfen, die Erwachsenen unterhielten sich vor den Häusern. Das alles gefiel mir, obwohl es ein ganz anderes Leben als in Deutschland war.

Mir schien, als ob sich die Schwarzen in den USA wie eine große Familie fühlen. Sie hören »ihre« Musik, also die Soul-, Jazz- oder HipHop-Songs der schwarzen Künstler und schwärmen von ihren Sportlern, den Williams-Schwestern oder Michael Jordan, lesen gerne Literatur von schwarzen Autoren oder sehen sich »Oprah Winfrey« im Fernsehen an. Oprah bringt auch ein Magazin heraus, das meine Schwester Annette liest. Und sie sprechen von ihren Stars, als würden sie sie persönlich kennen. Auch bei einem Patti Labelle Konzert auf dem berühmten Fest »A Taste of Chicago« sprach die Sängerin zu dem hauptsächlich schwarzen Publikum wie zu Freunden. Während ich mit meiner Schwester und meinem Bruder durch die Zuschauerreihen ging, lächelten mir freundliche Gesichter zu.

Ich habe in den Vereinigten Staaten eine neue Familie gefunden. Sie trat genau zu der Zeit in mein Leben, als ich erkannte, dass mit meiner Mutter und meinem Bruder keine Verständigung mehr möglich war, und ich sehe es so, dass Gott mir diesen Ausgleich geschenkt hat. Trotzdem wünsche ich mir natürlich noch heute, dass meine Mutter und mein Bruder auch an diesen wunderbaren Menschen teilhaben könnten, dass wir eine große Familie wären.

Mein Vater hat mir meinen Stammbaum bis zurück zu meinem indianischen Urgroßvater erklärt. Obwohl ich schon lange Zeit meine Identität gefunden habe, gehört für mich nun das Wissen um jenen Teil meiner Familiengeschichte auch zu mir. Zusammen mit dem, was ich über die Vorfahren meiner Mutter herausgefunden habe, fühle ich mich jetzt als Teil großer familiärer Verknüpfungen und Verbindungen, die sich ja auch in meinem Wesen und meinem Äußeren ausdrücken. Noch beschränkter erscheint mir jetzt die Vorstellung mancher Menschen, die mich nur auf meine Hautfarbe reduzieren.

Ich habe mich in Chicago auch mit dem Gedanken beschäftigt, ob ich dort leben könnte. Und ich habe die Frage mit »Ja« beantwortet. Selbstverständlich ist das Leben dort anders als in Deutschland. Alle Menschen, die ich kennen gelernt habe, haben einen weitaus größeren Bekanntenkreis als die Menschen, die ich hier kenne. Man besucht sich oft und auch ohne diesen Besuch vorher anzukündigen, man geht viel entspannter, viel familiärer miteinander um. Ich müsste dort mein trotz allem noch eher »distanziertes« Verhalten, wenn ich wildfremde Menschen in der S-Bahn, in einer Kneipe oder auf der Straße treffe, ablegen oder zumindest verringern, um nicht als unfreundlich angesehen zu werden, und auch die »typisch deutsche« Ordnung und Planung aller Tagesabläufe müsste ich vergessen. Was mich auf Dienstreisen nach Portugal aber auch in Chicago sehr erstaunt hat, war, dass Aktivitäten auch ohne große Organisation hervorragend geklappt haben. Erstaunt hat mich zugleich, dass ich mich vorher ziemlich unwohl gefühlt hatte, weil ich glaubte, eine gut strukturierte und wohlüberlegte Konzeption zu brauchen.

Ich traue mir jedoch zu, dieses Einfühlungsvermögen in die amerikanische Lebensweise zu entwickeln, und vielleicht werde ich meinen Lebensabend einmal in den Vereinigten Staaten verbringen.

In Deutschland zurück, rief ich gleich meine Halbschwester an. Seit dieser Zeit stehen auch wir in engem Kontakt, und meine Frau, meine Tochter und ich haben sie im gleichen Jahr besucht. Dabei erfuhr ich, dass mein Bruder schon von ihrer Existenz wusste, mich aber nicht informiert hatte. Im Gegenteil: er hatte ihr mitgeteilt, er wüsste meine Adresse nicht und ich sei auch nicht an einem Kontakt mit ihr interessiert.

Freud und Leid waren wieder einmal eng miteinander verbunden. Aber meine Freude, dass ich eine so wunderbare Familie kennen gelernt habe, ist um ein Vielfaches größer als die Trauer, dass ich zwei Menschen verloren habe.

All das Erzählte liegt noch nicht weit zurück, und ich bin immer noch damit beschäftigt, es zu realisieren und einzuordnen. Ich muss noch einmal auf das Leben jenes Hans Castorp aus dem *Zauberberg* zurückkommen: Sein Dasein bestand aus einem Kuraufenthalt, dem ständigen Bewusstsein einer Krankheit, unerfüllter Liebe und einem kleinen Lebensumfeld. Natürlich hat Thomas Mann damit auf das Leben an sich angespielt, und andere Schriftsteller, zum Beispiel Camus, haben das ähnlich gesehen. Ich kann mich dem nicht anschließen: Trotz aller negativen Erfahrungen wegen meiner Hautfarbe, trotz der Armut in meiner Kindheit und Jugend und trotz der teilweise widrigen Familienumstände, sehe ich, dass es auch eine positive Seite gibt. Ich habe diese Seite immer als wichtiger und entscheidender für mein Leben angesehen. Für mich gehört mein sozialer Aufstieg auf diese Seite, die Literatur und die Musik, mit denen ich mich beschäftige, vor allem aber all die Menschen, die Teil meines Lebens waren oder sind: meine Frau, meine Tochter, meine Familie und jene Menschen, von denen ich am Anfang geschrieben habe, das sie für mich das sind, was ich Heimat nenne.

Die Menschen, die meine Heimat sind

Ich habe sie bisher kaum erwähnt und kaum beschrieben, die Menschen, die meine Heimat sind. Was ist so Besonderes an ihnen? Oder besser gesagt: Worin unterscheiden sie sich von jenen, die ich als »gutmeinende« oder »bösmeinende« Rassisten bezeichnet habe?

Die Menschen, an die ich denke, haben fast nichts miteinander gemeinsam, sie sind weiblich oder männlich, Gläubige oder

Atheisten, Deutsche oder Nicht-Deutsche, jung oder alt, arm oder reich, sie sind Klassik-Liebhaber oder mögen Hardrock. Es ist nicht möglich, sie alle in eine Schublade zu stecken. Dennoch denke ich, dass ich zumindest eine Übereinstimmung entdeckt habe.

Sie alle zeichnet aus, dass sie bereit sind, über den üblichen oder sogar vorgegeben Rahmen hinaus zu denken.

Ich denke dabei an ein Bild von einem Horizont. Es scheint, als würde die Erde am Horizont aufhören, und so entstand sicher auch einmal die Vorstellung von der Erde als einer flachen Scheibe. Jedoch ist am Horizont die Welt noch nicht zu Ende, dahinter geht es weiter, liegt neues, vielleicht ganz anders aussehendes Land. Genauso ist es meiner Meinung nach mit dem menschlichen Denken. Man kann sehr gut überleben, wenn man nur bis zum Horizont, also bis zu einer gewissen Grenze denkt, andererseits ist es auch möglich, weiter zu gehen und sei es nur, indem man neue Vorstellungen entwickelt. Ich meine damit nicht, sich mit Neuem zu beschäftigen, sondern ich meine: Neu zu denken!

Denn der Horizont, der Rahmen, in dem sich das Denken bewegt, ist vorgegeben, durch Schule und Erziehung. Es ist daher selbstverständlich leicht, sich innerhalb dieses Rahmens zu bewegen, es gibt einem ein Gefühl der Sicherheit. Neuland zu betreten ist immer mit Gefahren verbunden. Dennoch wagen sich einige Menschen auf unbekanntes Terrain, und all die Menschen, die ich meine, haben es auf die eine oder andere Art gewagt.

Früher habe ich für niemanden das Wort »Freund« gebraucht. Ich möchte es auch nicht für diese Menschen benutzen. Weil sie mehr sind als Freunde. Mit einem Freund unterhält man sich, geht man aus, teilt vielleicht Hobbys oder spricht sich Dinge von der Seele. Das alles meine ich jedoch nicht, wenn ich von den Menschen meiner Heimat spreche. Selbstverständlich sind es auch Freunde in jenem Sinne, aber auch mehr. Diese Menschen geben mir das Gefühl, etwas wert zu sein. Unter gewöhnlichen Freunden – die ich auch habe – braucht es diese Besonderheit nicht zu geben. Jeder weiß, wie viel er wert ist, und stillschweigend wird das von den anderen auch so angenommen. Hier aber können die Freunde über diesen Horizont sehen und deshalb mehr in die Freundschaft einbringen. Nicht jeder braucht das, und ich denke, deshalb ist es auch nicht so weit verbreitet. Ich hingegen gebe zu, dass ich dieses »Mehr« wegen all der negativen Erfahrungen und all der Menschen, die mir deutlich gemacht haben, dass sie sich als wertvoller ansehen, benötige.

Meine Frau war und ist mir die größte Hilfe. Seit wir unser Leben gemeinsam leben, sind wir zusammen gewachsen. Sie hat gelernt, dass manche Dinge für hellhäutige Menschen selbstverständlich sind, für mich aber nicht. Dass mein Leben ein wenig anders verläuft, als man es sich von außen her vorstellt. Ich habe durch sie gelernt, die Menschen und ihre Beweggründe besser zu beurteilen, denn wenn ich mich einmal zu Unrecht aufrege, ist sie es, die mich auf den Boden zurückholt und mir eine klare Sicht verschafft. Andererseits kann sie aber auch erkennen, wenn meine Empörung zu Recht besteht und mich in solch einer Situation unterstützen. Wir haben gemeinsam unsere Horizonte überwunden.

Da ist dieser Freund aus dem hohen Norden, Arnulf, den ich über das Internet kennen gelernt habe, sowie seine Freundin Hanni. Er ist ein Künstler – selbst wenn er es vielleicht nicht von sich behauptet. Seine Horizontüberschreitung drückt sich in seinen Bildern und in seiner Sichtweise vom Zusammenleben der Menschen aus. Er nennt sich einen »Weltbürger«, was mich zunächst verblüfft hat. Ich war der Ansicht, lediglich ein Mensch in meiner – oder einer ähnlichen – Situation könne sehen, dass die Nationalgrenzen letztlich nur im Denken existieren. Nun bin ich froh, dass ich Arnulf kenne und dadurch weiß, dass jeder Mensch, gleich welcher Herkunft, darauf kommen kann, dass die Gemeinsamkeiten zwischen den Menschen weitaus wichtiger sind als die Dinge, die sie trennen.

Da sind meine Vorbilder aus der Jugendzeit: Michael Bauer und Thomas Schneider. Sie haben mich, auch ohne dass sie es wussten, auf den Weg gebracht. Michael lebt jetzt ebenfalls im Norden und ist neben seinem Beruf als Zahnarzt ein ähnlicher

Künstler wie Arnulf. Was mich an Michael und seiner Frau besonders fasziniert, ist die Art, wie sie Dinge sehen. Sie haben ein Auge und ein Gefühl für Formen, für Gestaltung, für Optik. Staunend kann ich durch ihr Haus gehen und sehe mitunter einen einfachen Gegenstand, an dem ich beim Stöbern auf dem Flohmarkt achtlos vorbeigegangen wäre, der aber hier den einzig ihm bestimmten Daseinszweck zu erfüllen scheint. Auch so drückt sich das Verlassen der gewohnten Denkbahnen aus, Horizontüberschreitungen.

Und es gibt Alexander, der mich seinen »besten Freund« nannte, als ich keine Ahnung davon hatte, wie wichtig ich für ihn war, und mir mit dieser Bekundung das erste Auge öffnete: Warum sehe ich eigentlich »Freundschaft« nur von meinem Standpunkt aus? Später holte er sich manchen Rat bei mir und öffnete mir damit das zweite Auge: Nicht nur ich lasse mich von anderen Menschen inspirieren, sondern andere lassen sich inzwischen auch von mir inspirieren.

Mit Alexander kann ich in Gesprächen Horizonte überschreiten, wenn wir über Literatur, Musik, Computer sprechen und all dies miteinander wie in einem Planspiel verbinden – plötzlich existieren keine Begrenzungen mehr.

Es gibt noch viele Persönlichkeiten, an die ich auf diese Weise denke. Von Shirley und ihrer Mutter, von den Kolleginnen und Kollegen in der Finanzabteilung des Sozialamtes und einigen anderen habe ich bereits gesprochen. Ich kann nicht genau sagen, ob ihre Horizontüberschreitungen ein Grund dafür sind, dass sie etwas Besonderes sind, aber es ist zumindest ein sehr auffallendes Merkmal.

Es verwundert mich auch nicht mehr, dass so viele dieser Personen weiblich sind. Ich habe eine Fülle von neuen Denkweisen bei Frauen kennen gelernt. Ich möchte nicht soweit gehen und behaupten, dass Frauen ein besseres Verständnis von der Welt haben, aber vielleicht sind sie eher als die meisten Männer dazu bereit, die Zwischentöne eines Gesprächs, eines Vortrages oder eines Buches aufzunehmen und sich darüber Gedanken zu machen. Das männliche Geschlecht scheint mir mehr dazu zu neigen, das rein Rationale zu sehen und es manchmal auch zu über-betonen.

Die Menschen, die ich beschrieben habe, sind nicht größer als andere Menschen und auch nicht mit einer besonderen Bega-bung geboren – ich sagte ja schon an anderer Stelle, dass ich nicht glaube, Begabungen seien vererbbar –, nein, auch sie sind durch die »Schule des Lebens« gegangen. Ich glaube jedoch, dass sie neben dem reinen Lernstoff auch etwas von dem erkennen, was dazwischen schwingt.

Wie zu der Zeit, als auf einmal die Zahl meiner Freunde sprung-haft angestiegen ist, so wächst auch meine Heimat in den letzten Jahren. Ich lerne mehr und mehr Menschen kennen, die mein Leben bereichern. Es hat mich dabei nicht erstaunt, dass ich auf meiner jetzigen Arbeitsstelle auf eine Reihe interessanter Perso-nen gestoßen bin. Die jüngst in Ruhestand gegangene Amtsleite-rin selbst ist eine Frau, die – so scheint es mir jedenfalls – tagtäg-lich Horizonte überschreitet.

Die Menschen, die meine Heimat sind, sind auf der einen Seite eine Bereicherung für mein Leben, sie inspirieren mich, sie geben mir Freude und Zuversicht, auf der anderen Seite wiegt jeder von ihnen sehr viele jener Menschen auf, die einen bewussten oder unbewussten Rassismus in sich tragen.
    Sie alle halten andere Eigenschaften für wichtiger als die Farbe meiner Haut.

Die Farben unter meiner Haut

Manchmal erinnert mich ein Geruch, vielleicht der Duft des Wal-des nach einem Regenschauer, an einen Tag aus meiner Kind-heit. Dann erwachen all die Stimmungen und Eindrücke, die Ge-danken und oft selbst die Orte und Personen für ein paar Se-kunden wieder zu einem neuen, fast greifbaren Leben. Ich kann dann wieder all die Freuden oder auch die Leiden jener Jahre hautnah spüren, wenngleich ich sie nicht festzuhalten vermag.

Nach solchen Augenblicken frage ich mich manchmal, was wohl aus mir geworden wäre. Was aus mir geworden wäre, wenn ich nicht im Alter von vierzehn Jahren eine Wende um 180 Grad vollzogen hätte, wenn ich Shirley damals nicht über den Weg gelaufen wäre und damit auch meine Frau Marlene nicht kennen gelernt hätte, wenn Christianes Mutter mir nicht die Stellenanzeige zur Ausbildung im öffentlichen Dienst gegeben hätte, wenn ich nicht Idar-Oberstein verlassen hätte?

Natürlich gibt es niemanden, der mir diese Fragen beantworten kann, aber eines weiß ich: Auch dann hätte ich mir Ziele gesetzt, und auch dann hätte ich diese Ziele erreicht.

Ich wäre aber sicher ein anderer Mensch, hätte ich diese Hautfarbe nicht. Sie hat mein Leben entscheidend geprägt.

Ich betrachte mich heute als einen Menschen, der alles andere als »durchschnittlich« und »farblos« ist. Meine Geschichte beweist, dass ich mich zu diesem Menschen entwickelt habe und mein Werdegang nicht in meinen Genen festgelegt war. Das aber wiederum bedeutet, dass alle Menschen, mit denen ich in meinem Leben zu tun hatte, an diesem Prozess beteiligt waren, die guten wie die schlechten. Und dafür – aber auch wirklich nur dafür – bin ich allen dankbar.

Erst in den letzten Jahren beginnen die Fäden meines Lernens, meiner Erfahrungen, meiner Beobachtungen und natürlich auch der Zielsetzungen meiner Jugendzeit zusammen zu laufen. Es mag zwar den einen oder anderen zunächst verwundern, aber es gibt Zusammenhänge zwischen Quantenmechanik, Sozialverhalten, Religionen, Politik und Wirtschaft. Und sei es auch manchmal dergestalt, dass man mit dem Wissen aus einem Bereich Abläufe und Gegebenheiten in einem anderen besser begreifen kann.

Nichts von dem, was ich gelernt habe, hat sich als unbrauchbar oder unwichtig herausgestellt. Selbst die Lektüre von Marcel Prousts *Auf der Suche nach der verlorenen Zeit*, ein Romanzyklus, der vor hundert Jahren, meist in gehobenen gesellschaftlichen Kreisen spielt, hat mir die Sinne für Menschenverhalten und Denkweisen geöffnet, so dass ich heute – anders als in meiner Kindheit und meiner Jugend – neben meinem eigenen Standpunkt auch Einfühlungsvermögen dafür habe, wie andere die Welt und die Menschen betrachten.

Habe ich früher, als mein Selbstbewusstsein zu wachsen begann, mir zur Aufgabe gesetzt, mit allen Menschen gleichermaßen umzugehen, die gleiche Sprache zu sprechen, mich gleich zu verhalten, so meine ich jetzt, dass es gerechter und auch sinnvoller ist, mit jedem Menschen individuell umzugehen, ihn mit seinen Eigenarten, seiner Sprache und auch seiner Position im gesellschaftlichen Leben anzunehmen und entsprechend auf ihn einzugehen.

Mein Weltbild ist ein soziales und zugleich ein quantenmechanisches: Kein Mensch lebt für sich allein, all sein Handeln und auch sein Denken hat Auswirkungen auf jeden anderen Menschen, mit dem er in Kontakt tritt, so wie kein Elementarteilchen für sich allein betrachtet werden kann, sondern einzig und allein in seinem Bezug zu anderen Teilchen.

Ich erwarte nicht, dass ich meine heutigen Vorstellungen, die die Summe all meiner Erfahrungen darstellen, unverändert beibehalte. Weitere Wechselwirkungen werden eintreten und mich und mein Denken verändern. So wie ich ein Mensch bin, der einen dunkelhäutigen Vater und eine hellhäutige Mutter hat, so bin ich auch zusammengesetzt aus all dem von mir Gelebten und Erlebten. Es ist unsinnig, mich auf die Farbe meiner Haut zu reduzieren.

Meine Lebensgeschichte hätte ich jedoch nicht so schreiben können und brauchen, wenn meine deutsche Hälfte die gleiche Aufmerksamkeit erregt hätte wie meine amerikanische.

Warum hat die nicht-deutsche Seite mehr Aufmerksamkeit erregt?

Warum haben sehr viele Menschen meine deutsche Seite überhaupt nicht wahrgenommen?

Was ist es, was Menschen dazu veranlasst, mich abzulehnen, obwohl sie mich nicht kennen, mich für gewisse Frauen attraktiv macht, mir bestimmte Türen öffnet, andere aber verschließt? Was macht meine Person für einige Leute interessant, während sie bei anderen Angst oder Misstrauen auslöst?

Das Aussehen!

Ich kann mein Aussehen nicht ändern, aber ich habe gelernt, damit zu leben. In meiner Kindheit und Jugend befasste sich mein Bewusstsein ständig und teilweise sogar ausschließlich mit meiner Hautfarbe. Sie war Dreh- und Angelpunkt fast jedes Gedankens. Dann habe ich daran gearbeitet, diesem Aussehen etwas weniger Spielraum einzuräumen – was wirklich schwer fällt, weil kaum ein Tag vergeht, an dem man nicht von irgend jemandem auf irgend eine Weise daran erinnert wird.

Heute bedeutet es mir kaum etwas, wenn jemand wohlwollend meint, ich sei ein Deutscher. Es bedeutet mir aber ebenso wenig, wenn jemand ablehnend darauf hinweist, dass ich ja kein Deutscher sei. Ich sage mir selbst: Weder noch!

Muss ich ein Deutscher sein? Muss ich irgend etwas anderes sein?

Mein Leben, meine Erfahrungen, mein Wissen, meine Fähigkeiten machen mich zu etwas, was mir mehr bedeutet als irgend eine Nationalität, nämlich zu dem Menschen, der ich gerne sein möchte.

Mein Äußeres ist braun – man nennt es manchmal schwarz und manchmal farbig –, doch mein Inneres ist viel bunter. Da lebt das Deutsche, Afrikanische und Indianische, da sind meine Erfahrungen und mein Wissen wie lebendige Muster eingraviert, da tanzen und sprechen so wunderbare Menschen wie Marlene, Shirley oder Michael Bauer mit mir, da schwingen die Rhythmen von Carlos Santana und Stevie Wonder, da diskutiert Immanuel Kant mit Marcel Proust, und da streiten sich Jesus Christus mit Stephen Hawking über den Ursprung und Sinn der Welt. Unter meiner Haut sind weitaus mehr Farben. Unter meiner Haut schillert ein Regenbogen.

Es gibt Menschen, die sehen nur mein Äußeres und beurteilen mich danach. Sie sind wie Menschen, die einen Artikel verwerfen, weil ihnen die Verpackung nicht gefällt. Und es gibt Menschen, die den Inhalt sehen. Sie können sie sehen:

Die Farben unter meiner Haut.

Farideh Akashe-Böhme
In geteilten Welten
*Fremdheitserfahrungen zwischen
Migration und Partizipation*
160 S., vierf. Pb., ISBN 3-86099-202-3
Farideh Akashe-Böhme zeigt, weshalb Deutschland sich in einer »unvollständigen Demokratie« eingerichtet hat. Das Buch mahnt Partizipationschancen für Migrant/innen an. Ein Anstoß zur aktuellen Debatte.

Farideh Akashe-Böhme
Die Burg von Chah Barrdi
*Von Persien nach Deutschland –
die Geschichte einer Kindheit
und Jugend*
168 S., vierf. geb., ISBN 3-86099-193-0
Farideh Akashe-Böhme berichtet über ihre Kindheit und Jugend in Persien und Deutschland. Das berührende Portrait einer widerständigen jungen Frau, die sich gegen Autorität und patriarchale Willkür auflehnt und daraus die Kraft für ein selbstbestimmtes Leben schöpft.

*Verband binationaler Familien und
Partnerschaften, iaf e.V. (Hrsg.)*
Binationaler Alltag in Deutschland
*Ratgeber für Ausländerrecht,
Internationales Familienrecht und
interkulturelles Zusammenleben*
5. völlig überarbeitete Neuauflage
248 S., vierf. Pb., ISBN 3-86099-187-6
Für das Zusammenleben binationaler Paare wichtige Informationen zu Eheschließung, Trennung, Scheidung, Aufenthalt, Staatsangehörigkeit, Kindern und Jugendlichen, Sozialleistungen, Wehrpflicht, Wohnen, Arbeit, Studium, Auswanderung. Der einzige Ratgeber dieser Art. Bundesweit bewährt.

*Verband binationaler Familien und
Partnerschaften, iaf e.V. (Hrsg.)*
**Wie Kinder mehrsprachig
aufwachsen**
112 S., vierf. Pb., ISBN 3-86099-194-9
Wie Eltern und andere Erziehende die Kinder beim Aufwachsen in mehreren Sprachen begleiten können. Der Ratgeber macht Mut, den Schritt zur Mehrsprachigkeit bei Kindern zu wagen.
»... übersichtlich, einfach und verständlich, immer wieder durch Beispiele aufgelockert. ... Ein preiswerter und praxisorientierter Ratgeber.«
(ekz-Informationsdienst)

Integration
*Eine pädagogische Handreichung
Verfaßt von Susanne Czuba-Konrad
Hrsg. vom Verband der Initiativgruppen
in der Ausländerarbeit – VIA, e.V.
168 S., Pb., DIN A4, illustr.
ISBN 3-86099-182-5*
Hintergrundinformationen, Texte, Lernaufgaben, Gruppenspiele u.a.m. Jahrgangsstufen- und schulformübergreifend. Besonders in den Sekundarstufen I und II an allgemeinbildenden Schulen geeignet.

Sven Sauter
Wir sind »Frankfurter Türken«
*Adoleszente Ablösungsprozesse in der
deutschen Einwanderungsgesellschaft*
324 S., vierf. Pb., ISBN 3-86099-188-4
Man muß auf Geschichten hören, um Innenansichten herauszufiltern. Dieser Erkenntnis folgend beschäftigt sich Sauter mit der Lebenswirklichkeit türkischer Jugendlicher. Gleichzeitig kritisiert er Theorien der Migrations- und der Minderheitenforschung als Ausländerisierung.

ʊʊ *Brandes & Apsel* ʊʊ